中华人民共和国行业推荐性标准

公路桥梁养护工程预算定额

Budget Quota for Highway Bridge Maintenance Engineering

JTG/T 5612—2020

主编单位：中交第一公路勘察设计研究院有限公司
批准部门：中华人民共和国交通运输部
实施日期：2021 年 01 月 01 日

人民交通出版社股份有限公司

北 京

律师声明

本书所有文字、数据、图像、版式设计、插图等均受中华人民共和国宪法和著作权法保护。未经人民交通出版社股份有限公司同意，任何单位、组织、个人不得以任何方式对本作品进行全部或局部的复制、转载、出版或变相出版。

本书扉页前加印有人民交通出版社股份有限公司专用防伪纸。任何侵犯本书权益的行为，人民交通出版社股份有限公司将依法追究其法律责任。

有奖举报电话:(010)85285150

北京市星河律师事务所
2020 年 6 月 30 日

图书在版编目(CIP)数据

公路桥梁养护工程预算定额：JTG/T 5612—2020 / 中交第一公路勘察设计研究院有限公司主编. — 北京：人民交通出版社股份有限公司，2020.9
ISBN 978-7-114-16855-0

Ⅰ.①公… Ⅱ.①中… Ⅲ.①公路桥—保养—预算定额—行业标准—中国 Ⅳ.①U445.2-65

中国版本图书馆 CIP 数据核字(2020)第 178755 号

标准类型：	中华人民共和国行业推荐性标准
标准名称：	公路桥梁养护工程预算定额
标准编号：	JTG/T 5612—2020
主编单位：	中交第一公路勘察设计研究院有限公司
责任编辑：	王海南
责任校对：	赵媛媛
责任印制：	刘高彤
出版发行：	人民交通出版社股份有限公司
地　　址：	(100011)北京市朝阳区安定门外外馆斜街 3 号
网　　址：	http://www.ccpcl.com.cn
销售电话：	(010)59757973
总 经 销：	人民交通出版社股份有限公司发行部
经　　销：	各地新华书店
印　　刷：	北京市密东印刷有限公司
开　　本：	880×1230　1/32
印　　张：	4.5
字　　数：	140 千
版　　次：	2020 年 9 月　第 1 版
印　　次：	2022 年 3 月　第 2 次印刷
书　　号：	ISBN 978-7-114-16855-0
定　　价：	50.00 元

(有印刷、装订质量问题的图书,由本公司负责调换)

中华人民共和国交通运输部公告

第 70 号

交通运输部关于发布《公路桥梁养护工程预算定额》的公告

现发布《公路桥梁养护工程预算定额》(JTG/T 5612—2020),作为公路工程行业推荐性标准,自 2021 年 1 月 1 日起施行。

《公路桥梁养护工程预算定额》(JTG/T 5612—2020)的管理权和解释权归交通运输部,日常管理和解释工作由主编单位中交第一公路勘察设计研究院有限公司负责。

请各有关单位注意在实践中总结经验,及时将发现的问题和修改建议函告中交第一公路勘察设计研究院有限公司(地址:西安市高新区科技四路 205 号中交一公院科技产业园,邮政编码:710075),以便修订时研用。

特此公告。

中华人民共和国交通运输部
2020 年 8 月 25 日

交通运输部办公厅	2020 年 8 月 27 日印发

前　言

根据交通运输部办公厅《关于下达2010年度公路行业标准制修订项目计划的通知》(厅公路字[2010]132号)的要求,由中交第一公路勘察设计研究院有限公司作为主编单位,承担《公路桥梁养护工程预算定额》(JTG/T 5612—2020)(以下简称"本定额")的编制工作。

本定额在国内各省(自治区、直辖市)交通运输行业已有的公路桥梁养护工程定额成果和典型公路桥梁养护工程测定消耗的基础上,进行广泛的调查研究,吸纳行业相关科研成果和工程经验,经充分论证和实例验算,以及征求国内相关单位和专家的意见编制而成。经批准后,以《公路桥梁养护工程预算定额》(JTG/T 5612—2020)颁布实施。

本定额包括3章和4个附录,分别是:第一章桥梁基础及下部结构;第二章桥梁上部结构;第三章其他工程;附录A材料配合比表;附录B材料的周转及摊销、模板接触面积;附录C新增材料代号、单位质量、单价表;附录D新增机械台班费用定额。

请各有关单位在执行过程中,将发现的问题和意见,函告本定额日常管理组,联系人:常丁(地址:陕西省西安市高新区科技四路205号中交一公院科技产业园,邮编:710075;电话:029-88853000;电子邮箱:249001068@qq.com),以便修订时研用。

主 编 单 位：中交第一公路勘察设计研究院有限公司

参 编 单 位：长安大学

广东省交通运输工程造价事务中心

武汉二航路桥特种工程有限责任公司

吉林省交通工程造价管理站

主　　编：牛　宏

主要参编人员：常　丁　张柳煜　易万中　莫　钧　宋言才　王　蔚　闫秋波　王野尘　于利存
韩　宇　岳振民　李雅娟　周　江　陈成保　崔振山

参与审查人员：李　健　李春风　廖　军　张　靖　段建先　刘元炜　陈　跃　舒　森　雷英夏
顾　祥　李光策　郝玉峰　梁文希　薛随云　杨剑兰　王双其　高振燕

参 加 人 员：高　晶　蒲德纯　卫红蕊　张汉生　张肇红　李士兵　查军民　申艳梅　庞　立
张　立　马　明　李　曒

总 说 明

一、《公路桥梁养护工程预算定额》(JTG/T 5612—2020)(以下简称"本定额")是编制公路桥梁养护工程施工图预算的依据。

二、本定额适用于各等级公路桥梁养护工程,不适用于新建、改(扩)建公路桥梁工程。

三、本定额包括桥梁基础及下部结构、桥梁上部结构、其他工程共三章及附录,基本涵盖《公路养护工程管理办法》(交公路发〔2018〕33号)中预防养护、修复养护、专项养护的内容。本定额未涵盖的公路桥梁养护工程内容,根据工程实际另行计算。

四、本定额是以人工、材料、机械台班消耗量表现的工程预算定额,编制公路桥梁养护工程施工图预算时,应与交通运输部及各省(自治区、直辖市)发布的公路养护类预算编制导则及办法配套使用。

五、本定额是按合理的施工组织和一般正常的施工条件编制的,定额中所采用的桥梁施工方法和工程质量标准是根据国家和行业现行有关标准取定的,除定额中规定允许换算者外,不得因具体工程施工组织、操作方法和材料消耗、机械种类和规格与定额的规定不同而抽换定额。

六、本定额每工日按 8h 计算。

七、本定额中的工程内容均包括定额项目的全部施工过程,定额内除扼要说明施工的主要工序外,均还包括准备和结束、场内操作范围内的材料运输、辅助和零星用工、工具及机械小修、场地清理和因场地狭小等特殊情况而发生的材料二次搬运等工程内容。定额中未包括施工区域封闭以及施工安全其他交通措施布设等内容,发生时其费用根据工程实际另行计算。

八、本定额中的材料消耗量是按现行材料标准的合格料和标准规格料计算的,定额中材料消耗已包括场内运输及操作损耗。

九、本定额中模板等周转性材料的数量,已根据桥梁养护工程的特点按其周转摊销量计入相应实体工程定额内,当模板的混凝土接触面积与定额不同时,可根据工程实际调整。其中施工用支架、脚手架等数量未综合于定额中,可根据工程实际另行计算。

十、本定额中列有混凝土、砂浆的强度等级和用量,其材料用量已按本定额附录的配合比表规定的数量列入定额,设计采用的混凝土、砂浆强度等级或水泥强度等级与本定额所列强度等级不同时,可按配合比表进行换算。但实际施工配合比用量与定额配合比表用量不同时,除配合比表和定额说明中允许换算者外,其他均不得调整。

十一、本定额各类混凝土均未考虑外掺剂费用,根据工程实际另行计算外掺剂用量及调整其水泥用量。

十二、本定额中各类混凝土均按施工现场拌和以及场内范围运输进行编制,当采用商品混凝土时,可将相关定额中的水泥、中(粗)砂、碎石的消耗量扣除,并按本定额所列的混凝土消耗量增加商品混凝土的消耗。本定额的各混凝土子目除工程内容说明外,均未考虑混凝土拌和费用,应按现行《公路工程预算定额》(JTG/T 3832)相关规定和内容另行计算。

十三、本定额施工机械台班消耗均已考虑了工地合理停置、空转和必要的备用量等因素。

十四、本定额只列出了工程所需的主要材料用量和主要机械台班数量。次要、零星材料和小型施工机具均未一一列出,分别列入"其他材料费"及"小型机具使用费"内,以元计,编制预算时,不得重复计算。

十五、本定额基价中的人工费、材料费按现行《公路工程预算定额》(JTG/T 3832)中附录"定额人工、材料、设备单价表"计算,机械台班费按现行《公路工程机械台班费用定额》(JTG/T 3833)计算。新增材料按本定额附录C"新增材料代号、单位质量、单价表"计算。新增机械台班费按本定额附录D"新增机械台班费用定额"计算。

十六、定额表中注明"××以内"或"××以下"者,均包括"××"本身;而注明"××以外"或"××以上"者,则不包括"××"本身。定额内数量带"( )"者,则表示基价中未包括其价值。

十七、凡定额名称中带有※号者,均为参考定额,使用定额时,可根据具体情况进行调整。

十八、定额中的"工料机代号"系按现行《公路工程预算定额》(JTG/T 3832)的工料机代号取定,新增材料、新增机械的代号按现行《公路工程预算定额》(JTG/T 3832)的编制规则取定,工料机代号作为计算机计算时对工、料、机械名称识别的符号,不应随意变动。编制工程费用或预算时,有新增材料或新增机械的,其编码应按上述规则确定。

目 录

第一章　桥梁基础及下部结构 …… 1
 说明 …… 1
 1-1　地基注浆 …… 2
 1-2　基础防冲刷 …… 4
 1-3　增补桩基 …… 8
 1-4　基础扩大 …… 22
 1-5　承台增大截面 …… 24
 1-6　桥台加固 …… 26
 1-7　盖梁及墩柱加固 …… 29
 1-8　墩台剥落、麻面 …… 34
 1-9　墩台(基础)空洞填筑 …… 35
 1-10　维修砌石基础、锥坡、丁坝 …… 37

第二章　桥梁上部结构 …… 39
 说明 …… 39
 2-1　增大截面 …… 40
 2-2　粘贴钢板 …… 42
 2-3　碳纤维材料加固 …… 43

2-4	体外预应力加固	47
2-5	增设混凝土横隔板	55
2-6	更换拱桥吊杆	57
2-7	更换拱桥系杆※	59
2-8	更换拱桥吊杆(系杆)保护罩	61
2-9	安装拱桥吊杆(系杆)传感器	63
2-10	斜拉索更换	64
2-11	钢结构加固	68
2-12	斜拉索索体修复	70
2-13	悬索桥悬吊体系	71
第三章	其他工程	72
	说明	72
3-1	拆除部分构件	73
3-2	更换支座	75
3-3	支座保养维修	87
3-4	更换伸缩缝	88
3-5	混凝土表面处理	92
3-6	混凝土桥梁表层缺陷修补	93
3-7	混凝土裂缝处理	97
3-8	植筋及锚栓	99

3−9	施工悬挂平台	103
3−10	交通警示设施	104
3−11	钢结构表面除锈、防护	105
3−12	钢筋阻锈、混凝土表面防护	107
3−13	桥面铺装维修	108
3−14	钢筋混凝土护栏养护刷漆	110
3−15	桥面排水系统维修	111
3−16	人行道板维修	113
3−17	搭拆脚手架、踏步	115
附录 A	材料配合比表	117
附录 B	材料的周转及摊销、模板接触面积	123
附录 C	新增材料代号、单位质量、单价表	126
附录 D	新增机械台班费用定额	128

第一章　桥梁基础及下部结构

说　　明

1. 本章定额包括地基注浆、基础防冲刷、增补桩基、基础扩大、承台增大截面、桥台加固、盖梁及墩柱加固、墩台剥落、麻面、墩台(基础)空洞填筑及维修砌石基础、锥坡、丁坝等。

2. 基础扩大、承台增大截面、桥台加固、盖梁及墩柱加固定额中均未包括混凝土表面处理，工程实际需要时按本定额的混凝土表面处理定额计算。

3. 基础扩大、承台增大截面、桥台加固、盖梁及墩柱加固定额均未包括钻孔、植筋(锚栓)，工程实际需要时按本定额的植筋及锚栓定额计算。

4. 本节仅编制人工挖孔(孔深 10m 以内)及回旋钻桩基钻孔孔径为 100cm(孔深 30m 以内、孔深 40m 以内)、120cm(孔深 40m 以内)、150cm(孔深 40m 以内)等定额子目，未涵盖的其他孔径、孔深及其他工法的桩基，可根据工程实际按现行《公路工程预算定额》(JTG/T 3832)的相关定额子目结合实际工效计算。

5. 开挖基坑的土、石方按弃土于坑外 20m 范围内编制，运距超过 20m 时，可结合工程实际按现行《公路工程预算定额》(JTG/T 3832)有关定额计算。

6. 基础加固、增补桩基、承台加固、墩台剥落(麻面)处治、墩台(基础)空洞填筑等定额未包括水中平台、排水、围堰、护筒等工作内容，可结合工程实际按现行《公路工程预算定额》(JTG/T 3832)的相关定额另行计算。

7. 本章相关工程量计算规则按现行《公路工程预算定额》(JTG/T 3832)有关规定执行。

1-1 地基注浆

工程内容 钻孔:1)确定孔位;2)调试、钻孔、钻机移位;3)场地清理。

注浆:1)制备水泥浆;2)清孔、注浆管绑扎、压浆;3)清洗压浆设备;4)清理现场。

单位:表列单位

顺序号	项目	单位	代号	钻孔				注浆
				土层	砂砾	石层	混凝土	
				10m				$10m^3$
				1	2	3	4	5
1	人工	工日	1001001	1.3	0.8	2.5	3.2	6.8
2	水泥浆(42.5)	m^3	1501022	-	-	-	-	(10.80)
3	钢花管	kg	2003064	-	-	-	-	206.0
4	ϕ150mm 以内合金钻头	个	2009005	0.13	0.10	0.28	0.36	-
5	水	m^3	3005004	-	-	-	-	59
6	42.5 级水泥	t	5509002	-	-	-	-	14.731
7	其他材料费	元	7801001	124.9	104.8	139.7	150.3	14.1
8	孔径 38~170mm 液压锚固钻机	台班	8001116	0.46	0.31	0.88	1.42	-
9	200L 以内灰浆搅拌机	台班	8005009	-	-	-	-	2.12
10	单液压电动注浆泵	台班	8005021	-	-	-	-	2.83
11	$17m^3$/min 以内机动空压机	台班	8017051	0.33	0.24	0.64	1.09	-

续前页

单位：表列单位

顺序号	项目	单位	代号	钻孔				注浆
				土层	砂砾	石层	混凝土	
				10m				10m³
				1	2	3	4	5
12	小型机具使用费	元	8099001	36.7	25.4	51.9	53.8	4.0
13	基价	元	9999001	759	543	1347	2030	8409

注：1. 钻孔为斜孔时，定额乘以 1.1 的系数。
2. 注浆定额中水泥和水的消耗量按 1:1 水灰比编制，实际水灰比不同时可据实调整。
3. 本定额适用于干处注浆，在水中环境施工注浆需搭设施工平台时，可据实另行计算。
4. 钢花管消耗与定额不同时，可据实调整。

1-2 基础防冲刷

工程内容 抽水:1)挖集水沟、汇水坑;2)抽水机就位、排水管安放、抽水。
人工清淤:1)人工挖装淤泥;2)人工运输、卸除及空回。
挖掘机清淤:1)挖淤泥、流沙;2)装车;3)清理。
块(片)石平面防护:1)清理杂物;2)拌运砂浆;3)选修石料;4)砌筑、勾缝、养生。
护坦加固:1)清理杂物;2)铺设钢筋网;3)填充砌体或浇筑片石混凝土、浇筑混凝土。

单位:表列单位

顺序号	项目	单位	代号	抽水	人工清淤		挖掘机挖除淤泥、流沙	平面防护	
					第一个20m	手推车每增运10m		浆砌片石	浆砌块石
				10m³	100m³			10m³	
				1	2	3	4	5	6
1	人工	工日	1001001	0.1	61.5	2.4	0.7	7.6	8.5
2	M5 水泥砂浆	m³	1501001	-	-	-	-	(3.68)	(2.90)
3	M10 水泥砂浆	m³	1501003	-	-	-	-	(0.34)	(0.34)
4	水	m³	3005004	-	-	-	-	18	17
5	中(粗)砂	m³	5503005	-	-	-	-	4.49	3.61
6	片石	m³	5505005	-	-	-	-	12.10	-
7	块石	m³	5505025	-	-	-	-	-	11.00
8	32.5级水泥	t	5509001	-	-	-	-	0.908	0.738

续前页
单位:表列单位

顺序号	项目	单位	代号	抽水	人工清淤		挖掘机挖除淤泥、流沙	平面防护	
					第一个20m	手推车每增运10m		浆砌片石	浆砌块石
				$10m^3$	$100m^3$			$10m^3$	
				1	2	3	4	5	6
9	其他材料费	元	7801001	2.1	-	-	-	3.0	3.0
10	75kW以内履带式推土机	台班	8001002	-	-	-	0.23	-	-
11	0.6m³履带式单斗挖掘机	台班	8001025	-	-	-	0.71	-	-
12	1.0m³以内轮胎式装载机	台班	8001045	-	-	-	-	0.1	0.1
13	400L以内灰浆搅拌机	台班	8005010	-	-	-	-	0.25	0.25
14	基价	元	9999001	20	6536	255	869	2388	2613

续前页
单位：表列单位

顺序号	项目	单位	代号	护坦加固			
				填充圬工砌体	片石混凝土	现浇混凝土	钢筋
				10m³			1t
				7	8	9	10
1	人工	工日	1001001	6.4	5	11.2	4
2	M5 水泥砂浆	m³	1501001	(2.90)	-	-	-
3	片 C15-32.5-8	m³	1503002	-	(10.50)	-	-
4	普 C20-32.5-4	m³	1503032	-	-	(10.50)	-
5	HPB300 钢筋	t	2001001	-	-	-	1.025
6	20~22 号铁丝	kg	2001022	-	-	-	2.9
7	电焊条	kg	2009011	-	-	-	3.7
8	水	m³	3005004	16	16	16	-
9	中(粗)砂	m³	5503005	3.25	4.93	5.15	-
10	片石	m³	5505005	-	2.26	-	-
11	碎石(4cm)	m³	5505013	-	-	8.82	-
12	碎石(8cm)	m³	5505015	-	7.46	-	-
13	块石	m³	5505025	11	-	-	-
14	32.5 级水泥	t	5509001	0.632	2.259	3.128	-
15	其他材料费	元	7801001	3.0	4.1	4.2	-

续前页

单位:表列单位

顺序号	项 目	单位	代 号	护 坦 加 固			
				填充圬工砌体	片石混凝土	现浇混凝土	钢筋
				10m³			1t
				7	8	9	10
16	32kV·A 以内交流电弧焊机	台班	8015028	-	-	-	0.71
17	小型机具使用费	元	8099001	-	-	-	18.7
18	基价	元	9999001	2230	2463	3412	4026

注:1. 本定额未包括围堰工作内容,如需设置围堰,可据实按现行《公路工程预算定额》(JTG/T 3832)另行计算。

2. 机械清淤含 20m 运距,如需远运,按现行《公路工程预算定额》(JTG/T 3832)土方运输定额另行计算。

1-3 增补桩基

I.人工挖孔

工程内容 挖孔:1)人工挖土或凿岩机挖石方,装土、石、清理、小量排水;2)卷扬机吊运土、石出孔,修整孔壁,检平石质基底;3)临时支撑及警戒防护等。

护壁:1)模板及支撑的制作、安装、拆除、涂脱模剂;2)混凝土的运输、浇筑、捣固、养生。

单位:$10m^3$

顺序号	项目	单位	代号	挖孔					现浇混凝土护壁
				孔深 10m 以内					
				砂(黏)土、砂砾	砾(卵)石	软石	次坚石	坚石	
				1	2	3	4	5	6
1	人工	工日	1001001	6.7	8.2	10	14.6	26.1	22.9
2	普 C25-32.5-4	m^3	1503033	–	–	–	–	–	(10.50)
3	型钢	t	2003004	–	–	–	–	–	0.048
4	组合钢模板	t	2003026	–	–	–	–	–	0.074
5	铁件	kg	2009028	–	–	–	–	–	48.2
6	水	m^3	3005004	–	–	–	–	–	14
7	原木	m^3	4003001	–	–	–	–	–	0.089
8	中(粗)砂	m^3	5503005	–	–	–	–	–	5.04
9	碎石(4cm)	m^3	5505013	–	–	–	–	–	8.72
10	32.5 级水泥	t	5509001	–	–	–	–	–	3.517

续前页

单位:10m³

顺序号	项目	单位	代号	挖孔 孔深10m以内					现浇混凝土护壁
				砂(黏)土、砂砾	砾(卵)石	软石	次坚石	坚石	
				1	2	3	4	5	6
11	其他材料费	元	7801001	-	-	-	-	-	67.3
12	内燃式凿岩机	台班	8001106	-	-	7.43	11.42	20.68	-
13	50kN以内单筒慢动电动卷扬机	台班	8009081	3.17	3.86	6.43	9.81	18.31	1.56
14	小型机具使用费	元	8099001	17.6	22.8	39.1	59.9	98.2	16.3
15	基价	元	9999001	1276	1559	3152	4751	8650	5949

Ⅱ. 回旋钻陆地上钻孔

工程内容 1)安拆岸上泥浆循环系统并造浆;2)准备钻具、装、拆、移钻架及钻机,安拆钻杆及钻头;3)钻进、压泥浆、浮渣、清理泥浆池沉渣;4)清孔。

单位:10m

顺序号	项目	单位	代号	桩径100cm以内							
				孔深30m以内							
				砂土	黏土	砂砾	砾石	卵石	软石	次坚石	坚石
				7	8	9	10	11	12	13	14
1	人工	工日	1001001	8.4	8.3	11.0	14.0	15.7	17.5	22.2	27.9
2	电焊条	kg	2009011	0.1	0.2	0.3	0.5	1.0	1.0	1.2	1.4
3	铁件	kg	2009028	0.1	0.1	0.1	0.1	0.1	0.1	0.1	0.1
4	水	m^3	3005004	24	19	33	33	33	28	28	28
5	锯材	m^3	4003002	0.011	0.011	0.011	0.011	0.011	0.011	0.011	0.010
6	黏土	m^3	5501003	4.86	3.20	6.39	6.32	6.30	5.44	5.38	5.36
7	其他材料费	元	7801001	1.2	1.2	1.2	1.2	1.2	1.2	1.2	1.2
8	设备摊销费	元	7901001	9.7	10.7	11.4	13.2	22.8	24.9	30.4	34.2
9	1.0m^3履带式单斗挖掘机	台班	8001027	0.03	0.03	0.03	0.03	0.03	0.03	0.03	0.03
10	15t以内载货汽车	台班	8007009	0.12	0.12	0.12	0.12	0.12	0.11	0.11	0.11
11	15t以内履带式起重机	台班	8009002	0.11	0.11	0.11	0.11	0.11	0.10	0.10	0.10
12	ϕ1500mm以内回旋钻机	台班	8011035	1.33	1.46	2.33	3.42	4.33	5.26	7.28	9.67

续前页

单位:10m

<table>
<tr><th rowspan="3">顺序号</th><th rowspan="3">项目</th><th rowspan="3">单位</th><th rowspan="3">代号</th><th colspan="8">桩径100cm以内</th></tr>
<tr><th colspan="8">孔深30m以内</th></tr>
<tr><th>砂土</th><th>黏土</th><th>砂砾</th><th>砾石</th><th>卵石</th><th>软石</th><th>次坚石</th><th>坚石</th></tr>
<tr><td></td><td></td><td></td><td></td><td>7</td><td>8</td><td>9</td><td>10</td><td>11</td><td>12</td><td>13</td><td>14</td></tr>
<tr><td>13</td><td>100～150L泥浆搅拌机</td><td>台班</td><td>8011057</td><td>0.29</td><td>0.29</td><td>0.29</td><td>0.29</td><td>0.29</td><td>0.28</td><td>0.28</td><td>0.28</td></tr>
<tr><td>14</td><td>32kV·A以内交流电弧焊机</td><td>台班</td><td>8015028</td><td>0.01</td><td>0.03</td><td>0.03</td><td>0.05</td><td>0.11</td><td>0.11</td><td>0.13</td><td>0.15</td></tr>
<tr><td>15</td><td>基价</td><td>元</td><td>9999001</td><td>3106</td><td>3243</td><td>4778</td><td>6571</td><td>8000</td><td>9404</td><td>12633</td><td>16465</td></tr>
</table>

续前页　　单位:10m

顺序号	项　目	单位	代　号	桩径100cm以内							
				孔深40m以内							
				砂土	黏土	砂砾	砾石	卵石	软石	次坚石	坚石
				15	16	17	18	19	20	21	22
1	人工	工日	1001001	7.6	7.5	10.5	14.0	15.7	16.8	22.5	28.5
2	电焊条	kg	2009011	0.1	0.2	0.3	0.5	1.0	1.0	1.2	1.4
3	铁件	kg	2009028	0.1	0.1	0.1	0.1	0.1	0.1	0.1	0.1
4	水	m^3	3005004	24	19	33	33	33	28	28	28
5	锯材	m^3	4003002	0.007	0.007	0.008	0.008	0.007	0.007	0.007	0.007
6	黏土	m^3	5501003	4.86	3.20	6.39	6.32	6.30	5.44	5.38	5.36
7	其他材料费	元	7801001	0.9	0.9	0.9	0.9	0.9	0.9	0.9	0.9
8	设备摊销费	元	7901001	9.7	10.7	11.4	13.2	22.8	24.9	30.4	34.2
9	1.0m^3 履带式单斗挖掘机	台班	8001027	0.02	0.02	0.02	0.02	0.02	0.02	0.02	0.02
10	15t以内载货汽车	台班	8007009	0.09	0.09	0.09	0.08	0.08	0.08	0.08	0.08
11	15t以内履带式起重机	台班	8009002	0.09	0.09	0.09	0.08	0.08	0.08	0.08	0.08
12	ϕ1500mm以内回旋钻机	台班	8011035	1.52	1.66	2.52	4.08	4.80	5.55	7.83	10.39
13	100~150L泥浆搅拌机	台班	8011057	0.29	0.29	0.29	0.29	0.29	0.28	0.28	0.28
14	32kV·A以内交流电弧焊机	台班	8015028	0.01	0.03	0.03	0.05	0.11	0.11	0.13	0.15
15	基价	元	9999001	3215	3366	4921	7382	8554	9658	13344	17438

续前页　　　　　　　　　　　　　　　　　　　　　　　　　　　　　单位：10m

顺序号	项　　目	单位	代　号	桩径 120cm 以内							
				孔深 40m 以内							
				砂土	黏土	砂砾	砾石	卵石	软石	次坚石	坚石
				23	24	25	26	27	28	29	30
1	人工	工日	1001001	8.2	8.1	11.1	14.5	16.4	18.3	23.2	29.2
2	电焊条	kg	2009011	0.1	0.2	0.3	0.5	1.1	1.1	1.3	1.5
3	铁件	kg	2009028	0.1	0.1	0.1	0.1	0.1	0.1	0.1	0.1
4	水	m^3	3005004	35	28	48	48	48	41	40	40
5	锯材	m^3	4003002	0.011	0.011	0.011	0.011	0.011	0.011	0.011	0.010
6	黏土	m^3	5501003	7.00	4.62	9.21	9.11	9.08	7.85	7.76	7.73
7	其他材料费	元	7801001	1.1	1.1	1.1	1.1	1.1	1.1	1.1	1.1
8	设备摊销费	元	7901001	11.7	12.8	13.7	15.8	27.4	29.8	36.5	41.0
9	1.0m^3 履带式单斗挖掘机	台班	8001027	0.03	0.03	0.03	0.03	0.03	0.03	0.03	0.03
10	15t 以内载货汽车	台班	8007009	0.09	0.09	0.09	0.08	0.08	0.08	0.08	0.08
11	15t 以内履带式起重机	台班	8009002	0.09	0.09	0.09	0.08	0.08	0.08	0.08	0.08
12	ϕ1500mm 以内回旋钻机	台班	8011035	1.55	1.69	2.83	4.37	5.29	6.34	8.80	11.68
13	100～150L 泥浆搅拌机	台班	8011057	0.41	0.41	0.41	0.40	0.40	0.40	0.39	0.39
14	32kV·A 以内交流电弧焊机	台班	8015028	0.01	0.03	0.04	0.06	0.12	0.13	0.14	0.16
15	基价	元	9999001	3410	3546	5511	7934	9400	10987	14826	19349

续前页 单位:10m

顺序号	项目	单位	代号	桩径150cm以内							
				孔深40m以内							
				砂土	黏土	砂砾	砾石	卵石	软石	次坚石	坚石
				31	32	33	34	35	36	37	38
1	人工	工日	1001001	9.5	9.1	13.1	16.9	19.3	20.0	25.8	32.6
2	电焊条	kg	2009011	0.1	0.3	0.4	0.6	1.2	1.3	1.4	1.7
3	铁件	kg	2009028	0.2	0.2	0.2	0.2	0.2	0.2	0.2	0.2
4	水	m^3	3005004	55	44	76	75	75	64	63	63
5	锯材	m^3	4003002	0.017	0.017	0.017	0.017	0.017	0.017	0.016	0.016
6	黏土	m^3	5501003	10.94	7.21	14.39	14.24	14.18	12.25	12.12	12.08
7	其他材料费	元	7801001	1.6	1.6	1.6	1.6	1.6	1.6	1.6	1.6
8	设备摊销费	元	7901001	15.6	17.1	18.2	21.0	34.2	37.3	45.6	51.3
9	1.0m^3履带式单斗挖掘机	台班	8001027	0.03	0.03	0.03	0.03	0.03	0.03	0.03	0.03
10	15t以内载货汽车	台班	8007009	0.08	0.08	0.08	0.07	0.07	0.07	0.07	0.07
11	15t以内履带式起重机	台班	8009002	0.08	0.08	0.08	0.07	0.07	0.07	0.07	0.07
12	ϕ1500mm以内回旋钻机	台班	8011035	1.75	1.99	3.31	5.35	6.53	7.09	10.09	13.43
13	100~150L泥浆搅拌机	台班	8011057	0.65	0.65	0.64	0.64	0.63	0.63	0.62	0.62
14	32kV·A以内交流电弧焊机	台班	8015028	0.02	0.03	0.04	0.06	0.06	0.06	0.06	0.06
15	基价	元	9999001	3946	4158	6533	9670	11529	12309	16967	22195

Ⅲ.回旋钻水中平台上钻孔

工程内容 1)安拆岸上泥浆循环系统并造浆;2)准备钻具,装、拆、移钻架及钻机,安拆钻杆及钻头;3)钻进、压泥浆、浮渣、清理泥浆池沉渣;4)清孔。

单位:10m

顺序号	项目	单位	代号	桩径100cm以内							
				孔深30m以内							
				砂土	黏土	砂砾	砾石	卵石	软石	次坚石	坚石
				39	40	41	42	43	44	45	46
1	人工	工日	1001001	9.6	9.5	12.2	15.0	16.8	18.5	23.4	28.9
2	电焊条	kg	2009011	0.1	0.2	0.3	0.5	1.0	1.0	1.2	1.4
3	铁件	kg	2009028	0.1	0.1	0.1	0.1	0.1	0.1	0.1	0.1
4	水	m^3	3005004	24	19	33	33	33	28	28	28
5	锯材	m^3	4003002	0.011	0.011	0.011	0.011	0.011	0.011	0.011	0.010
6	黏土	m^3	5501003	4.86	3.20	6.39	6.32	6.30	5.44	5.38	5.36
7	其他材料费	元	7801001	1.2	1.2	1.2	1.2	1.2	1.2	1.2	1.2
8	设备摊销费	元	7901001	9.7	10.7	11.4	13.2	22.8	24.9	30.4	34.2
9	1.0m^3履带式单斗挖掘机	台班	8001027	0.03	0.03	0.03	0.03	0.03	0.03	0.03	0.03
10	15t以内履带式起重机	台班	8009002	0.36	0.35	0.35	0.35	0.35	0.34	0.34	0.34
11	ϕ1500mm以内回旋钻机	台班	8011035	1.41	1.50	2.54	3.86	4.73	5.60	7.69	10.20
12	100~150L泥浆搅拌机	台班	8011057	0.29	0.29	0.31	0.29	0.29	0.28	0.28	0.28

续前页 单位:10m

顺序号	项 目	单位	代 号	桩径100cm以内							
				孔深30m以内							
				砂土	黏土	砂砾	砾石	卵石	软石	次坚石	坚石
				39	40	41	42	43	44	45	46
13	32kV·A以内交流电弧焊机	台班	8015028	0.01	0.03	0.03	0.05	0.11	0.11	0.13	0.15
14	88kW以内内燃拖轮	艘班	8019002	1.26	1.25	1.24	1.23	1.23	1.21	1.20	1.19
15	100t以内工程驳船	艘班	8019021	1.23	1.33	2.09	3.18	3.95	6.17	8.62	13.75
16	基价	元	9999001	4940	5017	6874	9087	10576	12172	15832	20476

续前页　　单位:10m

顺序号	项目	单位	代号	桩径100cm以内							
				孔深40m以内							
				砂土	黏土	砂砾	砾石	卵石	软石	次坚石	坚石
				47	48	49	50	51	52	53	54
1	人工	工日	1001001	8.4	8.4	11.4	15.2	16.9	18.1	23.4	29.5
2	电焊条	kg	2009011	0.1	0.2	0.3	0.5	1.0	1.0	1.2	1.4
3	铁件	kg	2009028	0.1	0.1	0.1	0.1	0.1	0.1	0.1	0.1
4	水	m^3	3005004	24	19	33	33	33	28	28	28
5	锯材	m^3	4003002	0.007	0.007	0.008	0.008	0.007	0.007	0.007	0.007
6	黏土	m^3	5501003	4.86	3.20	6.39	6.32	6.30	5.44	5.38	5.36
7	其他材料费	元	7801001	0.9	0.9	0.9	0.9	0.9	0.9	0.9	0.9
8	设备摊销费	元	7901001	9.7	10.7	11.4	13.2	22.8	24.9	30.4	34.2
9	1.0m^3履带式单斗挖掘机	台班	8001027	0.02	0.02	0.02	0.02	0.02	0.02	0.02	0.02
10	15t以内履带式起重机	台班	8009002	0.26	0.26	0.26	0.25	0.25	0.25	0.25	0.25
11	ϕ1500mm以内回旋钻机	台班	8011035	1.62	1.76	2.83	4.45	5.30	5.89	8.25	11.03
12	100~150L泥浆搅拌机	台班	8011057	0.29	0.29	0.29	0.29	0.29	0.28	0.28	0.28
13	32kV·A以内交流电弧焊机	台班	8015028	0.01	0.03	0.03	0.05	0.11	0.11	0.13	0.15
14	88kW以内内燃拖轮	艘班	8019002	1.22	1.20	1.20	1.19	1.18	1.17	1.15	1.15
15	100t以内工程驳船	艘班	8019021	1.63	1.78	2.89	4.54	5.55	8.80	12.44	19.96
16	基价	元	9999001	5007	5166	7152	9944	11415	12737	16951	22353

续前页

单位:10m

顺序号	项目	单位	代号	桩径120cm以内 孔深40m以内							
				砂土	黏土	砂砾	砾石	卵石	软石	次坚石	坚石
				55	56	57	58	59	60	61	62
1	人工	工日	1001001	9.1	8.9	12.2	15.6	17.5	19.1	24.2	30.1
2	电焊条	kg	2009011	0.1	0.2	0.3	0.5	1.1	1.1	1.3	1.5
3	铁件	kg	2009028	0.1	0.1	0.1	0.1	0.1	0.1	0.1	0.1
4	水	m^3	3005004	35	28	48	48	48	41	40	40
5	锯材	m^3	4003002	0.011	0.011	0.011	0.011	0.011	0.011	0.011	0.010
6	黏土	m^3	5501003	7.00	4.62	9.21	9.11	9.08	7.85	7.76	7.73
7	其他材料费	元	7801001	1.1	1.1	1.1	1.1	1.1	1.1	1.1	1.1
8	设备摊销费	元	7901001	11.7	12.8	13.7	15.8	27.4	29.8	36.5	41.0
9	1.0m^3履带式单斗挖掘机	台班	8001027	0.03	0.03	0.03	0.03	0.03	0.03	0.03	0.03
10	15t以内履带式起重机	台班	8009002	0.26	0.26	0.26	0.25	0.25	0.25	0.25	0.25
11	ϕ1500mm以内回旋钻机	台班	8011035	1.65	1.83	2.89	4.60	5.51	6.44	8.76	11.60
12	100~150L泥浆搅拌机	台班	8011057	0.41	0.41	0.41	0.40	0.40	0.40	0.39	0.39
13	32kV·A以内交流电弧焊机	台班	8015028	0.01	0.03	0.04	0.06	0.12	0.13	0.14	0.16
14	88kW以内内燃拖轮	艘班	8019002	1.19	1.17	1.17	1.16	1.15	1.14	1.12	1.12
15	100t以内工程驳船	艘班	8019021	1.76	1.93	3.14	4.93	6.15	9.90	14.20	23.60
16	基价	元	9999001	5197	5378	7428	10317	11922	13804	18026	23737

续前页

单位:10m

顺序号	项目	单位	代号	桩径150cm以内							
				孔深40m以内							
				砂土	黏土	砂砾	砾石	卵石	软石	次坚石	坚石
				63	64	65	66	67	68	69	70
1	人工	工日	1001001	10.1	10.0	13.7	17.6	20.0	20.6	26.4	33.3
2	电焊条	kg	2009011	0.1	0.3	0.4	0.6	1.2	1.3	1.4	1.7
3	铁件	kg	2009028	0.2	0.2	0.2	0.2	0.2	0.2	0.2	0.2
4	水	m^3	3005004	55	44	76	75	75	64	63	63
5	锯材	m^3	4003002	0.017	0.017	0.017	0.017	0.017	0.017	0.016	0.016
6	黏土	m^3	5501003	10.94	7.21	14.39	14.24	14.18	12.25	12.12	12.08
7	其他材料费	元	7801001	1.6	1.6	1.6	1.6	1.6	1.6	1.6	1.6
8	设备摊销费	元	7901001	15.6	17.1	18.2	21.0	34.2	37.3	45.6	51.3
9	1.0m^3履带式单斗挖掘机	台班	8001027	0.03	0.03	0.03	0.03	0.03	0.03	0.03	0.03
10	15t以内履带式起重机	台班	8009002	0.26	0.26	0.26	0.25	0.25	0.25	0.25	0.25
11	ϕ1500mm以内回旋钻机	台班	8011035	1.86	2.06	3.35	5.34	6.61	7.03	9.98	13.25
12	100~150L泥浆搅拌机	台班	8011057	0.65	0.65	0.64	0.64	0.63	0.63	0.62	0.62
13	32kV·A以内交流电弧焊机	台班	8015028	0.02	0.03	0.04	0.06	0.13	0.15	0.16	0.18
14	88kW以内内燃拖轮	艘班	8019002	1.02	1.01	1.01	1.00	0.99	0.98	0.97	0.97
15	100t以内工程驳船	艘班	8019021	2.61	2.87	4.68	7.43	9.31	14.98	21.35	35.54
16	基价	元	9999001	5664	5878	8422	11867	14100	15428	20859	27896

Ⅳ. 灌注桩混凝土

工程内容 混凝土:1)安、拆导管及漏斗;2)浇筑混凝土及水下混凝土;3)凿除混凝土桩头。

钢筋:除锈、下料、制作、点焊、焊接骨架,场内运输,钢筋骨架起吊入孔、接长(焊接或套筒连接)、定位等全部工作内容。

检测管:1)检测管截断、封头;2)套管制作、焊接;3)对接、定位、焊接、固定,临时支撑保护。

单位:表列单位

顺序号	项目	单位	代号	混凝土 人工挖孔 卷扬机配吊斗	人工挖孔 起重机配吊斗	回旋钻成孔 桩径100cm以内 卷扬机配吊斗	回旋钻成孔 桩径100cm以内 起重机配吊斗	回旋钻成孔 桩径150cm以内 卷扬机配吊斗	回旋钻成孔 桩径150cm以内 起重机配吊斗	钢筋 主筋连接方式 焊接连接	钢筋 主筋连接方式 套筒连接	检测管
				10m³	10m³	10m³	10m³	10m³	10m³	1t	1t	
				71	72	73	74	75	76	77	78	79
1	人工	工日	1001001	14.3	7.6	19.9	10.5	18.7	9.4	5.5	5.4	5.4
2	普 C30-42.5-4	m³	1503035	(10.65)	(10.65)	—	—	—	—	—	—	—
3	水 C30-32.5-4	m³	1503102	—	—	(12.60)	(12.60)	(12.30)	(12.30)	—	—	—
4	HRB400 钢筋	t	2001002	—	—	—	—	—	—	1.025	1.025	—
5	钢板	t	2003005	—	—	—	—	—	—	—	—	0.002
6	钢管	t	2003008	—	—	—	—	—	—	—	—	1.100
7	电焊条	kg	2009011	—	—	—	—	—	—	5.6	1.9	5.2
8	钢筋连接套筒	个	2009012	—	—	—	—	—	—	—	15.40	—

续前页

单位：表列单位

顺序号	项目	单位	代号	混凝土						钢筋		检测管
				人工挖孔		回旋钻成孔				主筋连接方式		
						桩径100cm以内		桩径150cm以内				
				卷扬机配吊斗	起重机配吊斗	卷扬机配吊斗	起重机配吊斗	卷扬机配吊斗	起重机配吊斗	焊接连接	套筒连接	
				10m³						1t		
				71	72	73	74	75	76	77	78	79
9	8~12号铁丝	kg	2001021	-	-	-	-	-	-	-	-	2.5
10	20~22号铁丝	kg	2001022	-	-	-	-	-	-	2.5	2.5	-
11	水	m³	3005004	14	14	26	26	26	26	-	-	-
12	中(粗)砂	m³	5503005	4.9	4.9	6.46	6.46	6.27	6.27	-	-	-
13	碎石(4cm)	m³	5505013	8.95	8.95	8.44	8.44	8.24	8.24	-	-	-
14	32.5级水泥	t	5509001	-	-	5.796	5.796	5.658	5.658	-	-	-
15	42.5级水泥	t	5509002	3.78	3.78	-	-	-	-	-	-	-
16	其他材料费	元	7801001	1.5	1.5	3.7	3.7	2.2	2.2	-	-	41.8
17	设备摊销费	元	7901001	59.0	59.0	87.9	87.9	86.1	86.1	-	-	-
18	12t以内汽车式起重机	台班	8009027	-	0.37	-	0.81	-	0.44	0.14	0.07	-
19	50kN以内单筒慢动电动卷扬机	台班	8009081	0.85	-	1.05	-	1.02	-	-	-	-
20	32kV·A以内交流电弧焊机	台班	8015028	-	-	-	-	-	-	0.94	0.49	1.26
21	小型机具使用费	元	8099001	7.9	4.9	5.7	4.7	6.9	4.5	17.5	21.0	10.2
22	基价	元	9999001	4363	3816	5542	5047	5330	4537	4267	4189	5503

1-4 基础扩大

工程内容 1)人工(机械)挖土、石方,清运土、石渣出坑外;2)整平、夯实土质基底,检平石质基底;3)回填、铺平、洒水、夯实;4)组合钢模板组拼及安装、拆除、修理、涂脱模剂、堆放;5)钢筋除锈、制作、电焊、绑扎;6)混凝土运输、浇筑、捣固及养生。

单位:表列单位

顺序号	项目	单位	代号	开挖基坑			混凝土	钢筋
				土方		石方		
				干处	湿处			
				100m³			10m³	1t
				1	2	3	4	5
1	人工	工日	1001001	32.2	43.7	29.1	10.8	5.8
2	普 C25-32.5-4	m³	1503033	-	-	-	(10.50)	-
3	HRB400 钢筋	t	2001002	-	-	-	-	1.025
4	20~22 号铁丝	kg	2001022	-	-	-	-	3.7
5	型钢	t	2003004	-	-	-	0.017	-
6	组合钢模板	t	2003026	-	-	-	0.036	-
7	电焊条	kg	2009011	-	-	-	-	5.0
8	铁件	kg	2009028	-	-	-	14.1	-
9	水	m³	3005004	-	-	-	15	-
10	锯材	m³	4003002	-	-	-	0.005	-

续前页

单位:表列单位

顺序号	项目	单位	代号	开挖基坑			混凝土	钢筋
				土方		石方		
				干处	湿处			
				100m³			10m³	1t
				1	2	3	4	5
11	中(粗)砂	m³	5503005	-	-	-	5.04	-
12	碎石(4cm)	m³	5505013	-	-	-	8.72	-
13	32.5级水泥	t	5509001	-	-	-	3.517	-
14	其他材料费	元	7801001	-	-	-	35.6	-
15	内燃式凿岩机	台班	8001106	-	-	17.6	-	-
16	12t以内汽车式起重机	台班	8009027	-	-	-	0.18	-
17	32kV·A以内交流电弧焊机	台班	8015028	-	-	-	-	0.55
18	小型机具使用费	元	8099001	-	-	40.3	9.5	22.1
19	基价	元	9999001	3422	4644	5366	3962	4115

注:1. 开挖基坑按3m以内编制,超过3m时,每增加1m(小于1m的按1m计)干处递增5%,湿处递增10%。
　　2. 开挖基坑未包括基坑支护,需要时可据实按现行《公路工程预算定额》(JTG/T 3832)另行计算。

1－5　承台增大截面

工程内容　1)组合钢模板组拼及安装、拆除、修理、涂脱模剂、堆放;2)钢筋除锈、制作、电焊、绑扎;3)混凝土运输、浇筑、捣固及养生。

单位:表列单位

顺序号	项　　目	单位	代　号	混　凝　土			钢　　筋
				起重机配吊斗			
				有底模	无底模	封底	
				10m³			1t
				1	2	3	4
1	人工	工日	1001001	11.5	10.2	3.5	5.8
2	普 C35-42.5-4	m^3	1503037	(10.50)	(10.50)	(10.50)	-
3	HRB400 钢筋	t	2001002	-	-	-	1.025
4	20～22 号铁丝	kg	2001022	-	-	-	3.7
5	型钢	t	2003004	0.005	0.004	-	-
6	组合钢模板	t	2003026	0.032	0.017	-	-
7	电焊条	kg	2009011	-	-	-	5.4
8	铁件	kg	2009028	6.3	3.4	-	-
9	水	m^3	3005004	15	15	15	-
10	原木	m^3	4003001	0.029	0.016	-	-
11	锯材	m^3	4003002	0.023	0.011	-	-

续前页　　单位:表列单位

顺序号	项　目	单位	代　号	混凝土 起重机配吊斗 有底模	混凝土 起重机配吊斗 无底模	混凝土 起重机配吊斗 封底	钢　筋
				10m³			1t
				1	2	3	4
12	中(粗)砂	m³	5503005	4.83	4.83	4.83	-
13	碎石(4cm)	m³	5505013	8.72	8.72	8.72	-
14	42.5 级水泥	t	5509002	3.906	3.906	3.906	-
15	其他材料费	元	7801001	5.4	5.6	-	-
16	设备摊销费	元	7901001	-	-	10.3	-
17	12t 以内汽车式起重机	台班	8009027	0.24	0.19	0.17	-
18	32kV·A 以内交流电弧焊机	台班	8015028	-	-	-	0.55
19	小型机具使用费	元	8099001	11.3	10.6	1.9	22.1
20	基价	元	9999001	4362	4059	3180	4118

注:本定额未包括水中平台搭设等工作,需要时可据实按现行《公路工程预算定额》(JTG/T 3832)另行计算。

1-6 桥台加固

工程内容 现浇混凝土桥台:1)组合钢模板组拼及安装、拆除、修理、涂脱模剂、堆放;2)钢筋除锈、制作、电焊、绑扎及骨架吊装入模;3)混凝土运输、浇筑、捣固、养生。

浆砌片石桥台:1)钻机就位、钻孔、转移、清洗;2)注浆管制作、安装,水泥浆拌制、注浆、清洗;3)锚杆制作、安装。

单位:表列单位

顺序号	项目	单位	代号	钢筋混凝土补强加固		桥台注浆加固		
				现浇混凝土	钢筋	钻孔	压浆	锚杆制作、安装
				$10m^3$	1t	10m	$10m^3$	1t
				1	2	3	4	5
1	人工	工日	1001001	22.9	12.1	2.4	7.2	12.8
2	水泥浆(42.5)	m^3	1501022	-	-	-	(10.80)	-
3	普 C25-32.5-4	m^3	1503033	-	-	-	-	(0.18)
4	普 C30-42.5-4	m^3	1503035	(10.50)	-	-	-	-
5	HPB300 钢筋	t	2001001	0.001	-	-	-	0.031
6	HRB400 钢筋	t	2001002	-	1.025	-	-	1.025
7	钢丝绳	t	2001019	0.001	-	-	-	-
8	8~12 号铁丝	kg	2001021	0.8	-	-	-	-
9	20~22 号铁丝	kg	2001022	-	2.6	-	-	-
10	型钢	t	2003004	0.026	-	-	-	-
11	钢板	t	2003005	-	-	-	-	0.041

续前页　　　　　　　　　　　　　　　　　　　　　　　　　　　　　　　　　　单位:表列单位

顺序号	项　目	单位	代　号	钢筋混凝土补强加固		桥台注浆加固		
				现浇混凝土	钢筋	钻孔	压浆	锚杆制作、安装
				$10m^3$	1t	10m	$10m^3$	1t
				1	2	3	4	5
12	钢管	t	2003008	0.022	–	–	–	–
13	组合钢模板	t	2003026	0.059	–	–	–	–
14	钢花管	kg	2003064	–	–	–	225	–
15	ϕ150mm 以内合金钻头	个	2009005	–	–	0.18	–	–
16	电焊条	kg	2009011	–	3.5	–	–	3.1
17	铁件	kg	2009028	33.8	–	–	–	–
18	铁钉	kg	2009030	0.7	–	–	–	–
19	水	m^3	3005004	14	–	–	38	–
20	原木	m^3	4003001	0.159	–		–	–
21	锯材	m^3	4003002	0.170	–	0.018	–	–
22	中(粗)砂	m^3	5503005	4.83	–	–	–	0.09
23	碎石(4cm)	m^3	5505013	8.82	–	–	–	0.15
24	32.5 级水泥	t	5509001	–	–	–	–	0.060
25	42.5 级水泥	t	5509002	3.727	–	–	8.502	–
26	其他材料费	元	7801001	104.4	–	150.8	14.1	44.5
27	孔径 38 ~ 170mm 液压锚固钻机	台班	8001116	–	–	1.36	–	–

续前页

单位：表列单位

顺序号	项 目	单位	代 号	钢筋混凝土补强加固		桥台注浆加固		
				现浇混凝土	钢筋	钻孔	压浆	锚杆制作、安装
				10m³	1t	10m	10m³	1t
				1	2	3	4	5
28	200L以内灰浆搅拌机	台班	8005009	-	-	-	2.28	-
29	单液压电动注浆泵	台班	8005021	-	-	-	2.95	-
30	3t以内载货汽车	台班	8007002	-	-	-	1.76	-
31	12t以内汽车式起重机	台班	8009027	0.37	-	-	-	-
32	30kN以内单筒慢动电动卷扬机	台班	8009080	-	-	-	-	0.17
33	50kN以内单筒慢动电动卷扬机	台班	8009081	-	0.47	-	-	-
34	32kV·A以内交流电弧焊机	台班	8015028	-	0.89	-	-	0.39
35	17m³/min以内机动空压机	台班	8017051	-	-	1.03	-	-
36	小型机具使用费	元	8099001	15.7	20.9	37.8	7.7	9.6
37	基价	元	9999001	6549	4913	1867	6970	5147

1－7　盖梁及墩柱加固

Ⅰ. 盖梁增大截面

工程内容　1）组合钢模板组拼及安装、拆除、修理、涂脱模剂、堆放；2）钢筋除锈、制作、电焊、绑扎；3）混凝土运输、浇筑、捣固及养生。

单位：表列单位

顺序号	项目	单位	代号	混凝土		钢筋
				非泵送	泵送	
				10m³		1t
				1	2	3
1	人工	工日	1001001	14.1	12.7	7.6
2	普 C40-42.5-4	m³	1503039	(10.30)	-	-
3	泵 C40-42.5-4	m³	1503088	-	(10.50)	-
4	HRB400 钢筋	t	2001002	-	-	1.025
5	20～22 号铁丝	kg	2001022	-	-	4.1
6	型钢	t	2003004	0.079	0.079	-
7	组合钢模板	t	2003026	0.047	0.047	-
8	电焊条	kg	2009011	-	-	4.5
9	铁件	kg	2009028	47.5	47.5	-
10	铁钉	kg	2009030	0.5	0.5	-
11	水	m³	3005004	14	20	-

续前页

单位:表列单位

顺序号	项目	单位	代号	混凝土		钢筋
				非泵送	泵送	
				10m³		1t
				1	2	3
12	原木	m³	4003001	0.076	0.076	-
13	锯材	m³	4003002	0.930	0.930	-
14	中(粗)砂	m³	5503005	4.53	5.78	-
15	碎石(4cm)	m³	5505013	8.55	7.46	-
16	42.5级水泥	t	5509002	4.274	4.620	-
17	其他材料费	元	7801001	85.0	81.9	-
18	60m³/h以内混凝土输送泵	台班	8005051	-	0.13	-
19	20t以内汽车式起重机	台班	8009029	1.05	0.60	-
20	50kN以内单筒慢动电动卷扬机	台班	8009081	-	-	0.51
21	32kV·A以内交流电弧焊机	台班	8015028	-	-	0.66
22	小型机具使用费	元	8099001	9.5	8.5	23.0
23	基价	元	9999001	7818	7442	4415

Ⅱ. 柱式墩加固

工程内容 1）组合钢模板组拼及安装、拆除、修理、涂脱模剂、堆放；2）钢套管除锈、制作、钻孔、安装、灌注黏结胶、涂防锈漆；
3）钢筋除锈、制作、电焊、绑扎；4）混凝土浇筑、捣固及养生。

单位：表列单位

顺序号	项目	单位	代号	混凝土		钢套管		钢筋	
				非泵送	泵送	钢板厚度		主筋连接方式	
						12mm	+1mm	焊接连接	套筒连接
				10m³		10m² 接触面积		1t	
				4	5	6	7	8	9
1	人工	工日	1001001	12.8	10.2	5.3	0.4	6.8	6.7
2	普 C40-42.5-4	m³	1503039	(10.30)	—	—	—	—	—
3	泵 C40-42.5-4	m³	1503088	—	(10.50)	—	—	—	—
4	HPB300 钢筋	t	2001001	0.002	0.002	—	—	—	—
5	HRB400 钢筋	t	2001002	—	—	—	—	1.025	1.025
6	钢丝绳	t	2001019	0.004	0.004	—	—	—	—
7	20~22号铁丝	kg	2001022	—	—	4.6	0.8	3.7	3.6
8	型钢	t	2003004	0.120	0.120	—	—	—	—
9	钢板	t	2003005	0.002	0.002	0.999	0.186	—	—
10	钢管	t	2003008	0.003	0.003	—	—	—	—
11	钢模板	t	2003025	0.047	0.047	—	—	—	—
12	组合钢模板	t	2003026	0.035	0.035	—	—	—	—

续前页

单位:表列单位

顺序号	项目	单位	代号	混凝土		钢套管		钢筋	
				非泵送	泵送	钢板厚度		主筋连接方式	
						12mm	+1mm	焊接连接	套筒连接
				$10m^3$		$10m^2$ 接触面积		1t	
				4	5	6	7	8	9
13	门式钢支架	t	2003027	0.011	0.013	-	-	-	-
14	电焊条	kg	2009011	-	-	23.6	4.1	5.6	1.9
15	钢筋连接套筒	个	2009012	-	-	-	-	-	15.40
16	铁件	kg	2009028	51.8	51.8	-	-	-	-
17	水	m^3	3005004	14	20	-	-	-	-
18	原木	m^3	4003001	0.080	0.080	-	-	-	-
19	锯材	m^3	4003002	0.021	0.021	-	-	-	-
20	灌注式黏结胶	kg	5001053	-	-	60.0	-	-	-
21	中(粗)砂	m^3	5503005	4.53	5.78	-	-	-	-
22	碎石(4cm)	m^3	5505013	8.55	8.72	-	-	-	-
23	42.5级水泥	t	5509002	4.275	4.620	-	-	-	-
24	其他材料费	元	7801001	37.1	37.1	88.8	14.8	-	-
25	钢套管加工设备	台班	8015089	-	-	1.86	0.32	-	-
26	$60m^3/h$以内混凝土输送泵	台班	8005051	-	0.13	-	-	-	-
27	12t以内汽车式起重机	台班	8009027	0.82	0.48	-	-	-	-

续前页

单位:表列单位

顺序号	项目	单位	代号	混凝土		钢套管		钢筋	
				非泵送	泵送	钢板厚度		主筋连接方式	
						12mm	+1mm	焊接连接	套筒连接
				10m³		10m² 接触面积		1t	
				4	5	6	7	8	9
28	50kN 以内单筒慢动电动卷扬机	台班	8009081	-	-	-	-	0.51	0.3
29	32kV·A 以内交流电弧焊机	台班	8015028	-	-	1.34	0.23	0.76	0.33
30	小型机具使用费	元	8099001	7.7	7.7	-	-	21.2	23.8
31	基价	元	9999001	6153	6029	9490	1010	4351	4298

注:1. 本定额未包括原结构钻孔和锚固螺栓工作内容,如原结构需处理,采用有关定额另行计算。
　　2. 本混凝土定额适用于圆柱、方柱式墩台,墩高在10m以内。墩高为20m以内时,则乘以系数1.15计算。
　　3. 采用钢套箍作为模板的,套用本混凝土浇筑定额计算时应扣除钢模板、组合钢模板、原木、锯材的消耗量。

1-8 墩台剥落、麻面

工程内容 1)清理破损缝中混凝土,清除尘土,水泥砂浆配运料,勾缝,养生;2)清理表面破损部分,凿毛,清净,水泥砂浆配运料,抹面,养生。

单位:表列单位

顺序号	项目	单位	代号	砂浆勾缝		砂浆抹面
				片石	块石	厚2cm
				100m²	100m²	100m²
				1	2	3
1	人工	工日	1001001	2.7	2.5	1.8
2	M10 水泥砂浆	m³	1501003	(0.87)	(0.52)	(2.60)
3	32.5级水泥	t	5509001	0.271	0.162	0.809
4	水	m³	3005004	14	14	15
5	中(粗)砂	m³	5503005	0.93	0.56	2.78
6	其他材料费	元	7801001	1.6	0.8	4.7
7	基价	元	9999001	492	404	729

1-9 墩台(基础)空洞填筑

工程内容 1)清理破损部分,凿毛,清除尘土,配运料,浇填补筑,勾缝,养生;2)挖孔,砂浆配运料,拌和,注浆,清理现场。

单位:表列单位

顺序号	项目	单位	代号	砂浆勾缝		砂浆抹面
				片石	块石	厚2cm
				100m²	100m²	100m²
				1	2	3
1	人工	工日	1001001	7.8	10.8	0.7
2	M20水泥砂浆	m³	1501006	−	−	(10.50)
3	普C25-32.5-2	m³	1503008	(10.30)	(10.30)	−
4	原木	m³	4003001	−	0.74	−
5	锯材	m³	4003002	−	0.73	−
6	铁件	kg	2009028	−	15.6	−
7	铁钉	kg	2009030	−	0.3	−
8	8~12号铁丝	kg	2001021	−	0.3	−
9	32.5级水泥	t	5509001	3.451	0.451	4.704
10	水	m³	3005004	12	12	56
11	中(粗)砂	m³	5503005	4.94	4.94	11.13
12	碎石(4cm)	m³	5505013	8.55	8.55	−
13	其他材料费	元	7801001	13.9	13.9	5.4

续前页
单位:表列单位

顺序号	项 目	单位	代 号	砂 浆 勾 缝		砂 浆 抹 面
				片石	块石	厚2cm
				100m²	100m²	100m²
				1	2	3
14	200L以内灰浆搅拌机	台班	8005009	-	-	0.98
15	3m³/h以内灰浆输送泵	台班	8005013	-	-	0.98
16	小型机具使用费	元	8099001	30.2	37.3	1.3
17	基价	元	9999001	3139	4663	2936

注:未包括桥梁抗震的预防处治、深水墩基础围堰,需要时按有关定额计算。

1-10 维修砌石基础、锥坡、丁坝

工程内容 清除破损部分,挂线,选修石料,混凝土预制块,配料,拌运混凝土、砂浆,安、拆模板,浇筑混凝土,砌筑片石,勾缝,养生,清理现场。

单位:10m³

顺序号	项 目	单位	代 号	基础		锥坡、丁坝		浆砌轻型墩台、拱(墩台)上横墙			
				混凝土	浆砌片石	浆砌片石	片石混凝土	片石	块石	料石	混凝土预制块
				1	2	3	4	5	6	7	8
1	人工	工日	1001001	12.7	10.7	12.1	18.9	17.0	16.5	16.6	16.4
2	片 C15-32.5-8	m³	1503002	(10.20)	-	-	(10.20)	-	-	-	-
3	混凝土预制块	m³	1517002	-	-	-	-	-	-	-	(9.20)
4	M5 水泥砂浆	m³	1501001	-	(3.50)	(3.50)	-	-	-	-	-
5	M7.5 水泥砂浆	m³	1501002	-	-	-	-	(3.50)	(2.70)	(2.00)	(1.30)
6	M10 水泥砂浆	m³	1501003	-	-	-	(0.07)	(0.17)	(0.10)	(0.07)	(0.07)
7	原木	m³	4003001	-	-	-	0.04	-	-	-	-
8	锯材	m³	4003002	0.003	-	-	-	-	-	-	-
9	型钢	t	2003004	0.011	-	-	-	-	-	-	-
10	组合钢模板	m³	2003026	0.022	-	-	0.022	-	-	-	-
11	铁件	kg	2009028	9.5	-	-	50.5	-	-	-	-
12	铁钉	kg	2009030	-	-	0.11	-	-	-	-	-

续前页

单位:10m³

顺序号	项目	单位	代号	基础		锥坡、丁坝		浆砌轻型墩台、拱(墩台)上横墙			
				混凝土	浆砌片石	浆砌片石	片石混凝土	片石	块石	料石	混凝土预制块
				1	2	3	4	5	6	7	8
13	8~12号铁丝	kg	2001021	-	-	2.72	2.12	-	-	-	-
14	32.5级水泥	t	5509001	2.601	0.739	0.786	2.193	0.984	0.75	0.553	0.367
15	水	m³	3005004	12	5	7	10	10	10	10	10
16	中(粗)砂	m³	5503005	5.3	3.96	3.99	4.79	4	3.05	2.25	1.49
17	片石	m³	5505005	-	11.5	11.5	2.19	11.5	-	-	-
18	块石	m³	5505025	-	-	-	-	-	10.5	-	-
19	粗料石	m³	5505029	-	-	-	-	-	-	9	-
20	碎石(4cm)	m³	5505013	9.28	-	-	-	-	-	-	-
21	碎石(8cm)	m³	5505015	-	-	-	7.24	-	-	-	-
22	其他材料费	元	7801001	36.9	-	3.6	20.5	4.3	4.3	4.3	4.2
23	250L以内混凝土搅拌机	台班	8005002	0.52	-	-	0.42	-	-	-	-
24	小型机具使用费	元	8099001	13	8.5	10.5	15.2	7.2	5.6	4.5	2.8
25	基价	元	9999001	3780	2459	2648	4369	3224	3267	3883	2021

第二章　桥梁上部结构

说　　明

1. 本章定额包括增大截面、粘贴钢板、碳纤维材料加固、体外预应力加固、增设混凝土横隔板、更换拱桥吊杆、更换拱桥系杆、更换拱桥吊杆(系杆)保护罩、安装拱桥吊杆(系杆)传感器、斜拉索更换、钢结构加固等。

2. 增大截面、粘贴钢板、碳纤维材料加固定额中均未包括混凝土表面处理,工程实际需要时,可按本定额的混凝土表面处理定额另行计算。

3. 增大截面、粘贴钢板、浇筑齿板、转向块、增设混凝土横隔板定额均未包括钻孔、植筋(锚栓),工程实际需要时,可按本定额的植筋及锚栓定额另行计算。

4. 粘贴钢板定额未包括钢板表面除锈、防护,工程实际需要时,可按本定额的钢结构表面除锈、防护定额另行计算。

5. 拱桥系杆更换定额中已综合临时系杆的消耗,使用时不得另行计算。

6. 本章相关工程量计算规则按现行《公路工程预算定额》(JTG/T 3832)有关规定执行。

2-1 增大截面

工程内容 1)木模板制作、安装、拆除、修理、涂脱模剂、堆放;2)钢筋除锈、制作、成型、电焊、绑扎、入模;3)混凝土运输、浇筑、捣固及养生。

单位:表列单位

顺序号	项目	单位	代号	混凝土		钢筋
				梁桥、拱桥(拱肋)	拱桥(板拱)	
				10m³		1t
				1	2	3
1	人工	工日	1001001	82.0	68.2	11.7
2	普C30-42.5-2	m³	1503010	—	(10.50)	—
3	普C50-42.5-2	m³	1503018	(10.50)	—	—
4	HPB300钢筋	t	2001001	—	—	0.180
5	HRB400钢筋	t	2001002	—	—	0.845
6	20~22号铁丝	kg	2001022	—	—	4.2
7	电焊条	kg	2009011	—	—	2.9
8	铁件	kg	2009028	23.5	14.4	—
9	铁钉	kg	2009030	7.2	5.1	—
10	水	m³	3005004	16	16	—
11	原木	m³	4003001	—	0.305	—
12	锯材	m³	4003002	1.711	0.926	—

续前页

单位：表列单位

顺序号	项目	单位	代号	混凝土		钢筋
				梁桥、拱桥(拱肋)	拱桥(板拱)	
				10m³		1t
				1	2	3
13	中(粗)砂	m³	5503005	4.62	5.04	-
14	碎石(2cm)	m³	5505012	7.88	8.30	-
15	42.5级水泥	t	5509002	5.502	4.074	-
16	其他材料费	元	7801001	45.2	45.2	-
17	30kN以内单筒慢动卷扬机	台班	8009080	5.32	4.79	-
18	32kV·A以内交流电弧焊机	台班	8015028	-	-	2.42
19	小型机具使用费	元	8099001	36.1	36.1	32.4
20	基价	元	9999001	15495	12655	5103

2－2 粘贴钢板

工程内容 干贴法:1)放样划线;2)钢板切割接长、打磨整形、钢板钻孔;3)涂抹黏结胶,挂装、粘贴、拧紧螺栓。
　　　　　湿贴法:1)放样划线;2)钢板切割接长、打磨整形、钢板钻孔;3)挂装钢板、封边胶封边、压注粘胶。

单位:1m²

顺序号	项目	单位	代号	干贴法	湿贴法	
				钢板厚(mm)		
				5以内	6	±1
				1	2	3
1	人工	工日	1001001	3.6	3.1	0.2
2	钢丝绳	t	2001019	0.001	0.001	－
3	钢板	t	2003005	0.043	0.051	0.009
4	电焊条	kg	2009011	2.0	2.0	－
5	灌注式黏结胶	kg	5001053	－	6.0	－
6	涂抹式黏结胶	kg	5001063	7.5	－	－
7	封边胶	kg	5001432	－	1.9	－
8	其他材料费	元	7801001	13.8	28.0	1.6
9	30kN以内单筒卷扬机	台班	8009080	0.07	0.07	－
10	32kV·A以内交流电弧焊机	台班	8015028	0.32	0.32	－
11	0.3m³/min电动空压机	台班	8017039	－	0.40	－
12	小型机具使用费	元	8099001	25.4	63.2	2.1
13	基价	元	9999001	982	1149	57

注:本定额未包含钢板防腐涂装,需要时可按钢结构表面除锈、防护定额另行计算。

2-3 碳纤维材料加固

I. 粘贴碳纤维材料

工程内容 1)放样划线;2)纤维复合材料裁剪下料;3)底胶、找平胶、浸渍胶、碳纤维板黏结胶涂刷,纤维复合材料粘贴;4)检查、补涂、防护。

单位:1m²

顺序号	项目	单位	代号	粘贴碳纤维布		粘贴碳纤维板
				单位重(g/m²)		厚度(mm)
				300以上		1.2以内
				第1层	每增1层	
				1	2	3
1	人工	工日	1001001	1.4	0.6	2.1
2	浸渍胶	kg	5001057	1.1	0.8	-
3	碳纤维板黏结胶	kg	5001061	-	-	4.0
4	底胶	kg	5001446	0.6		0.8
5	找平胶	kg	5001447	0.7		0.7
6	碳纤维板	m²	5009029			1.1
7	碳纤维布	m²	5009433	1.1	1.1	-

续前页
单位:1m²

顺序号	项 目	单位	代 号	粘贴碳纤维布		粘贴碳纤维板
				单位重(g/m²)		厚度(mm)
				300 以上		1.2 以内
				第1层	每增1层	
				1	2	3
8	其他材料费	元	7801001	16.6	3.8	19.4
9	小型机具使用费	元	8099001	11.7	1.1	14.0
10	基价	元	9999001	465	274	1264

注:1. 粘贴碳纤维布采用的规格为 200g/m² 及 200g/m² 以下时,其碳纤维布浸渍胶的消耗量乘以 0.85 的系数,其余不变。

2. 粘贴碳纤维板采用的厚度为 1.4mm 及 1.4mm 以上时,其碳纤维板黏结胶的消耗量乘以 1.15 的系数,其余不变。

Ⅱ. 预应力碳纤维板

工程内容 1）放样划线；2）纤维复合材料裁剪下料；3）碳板锚具安装；4）预应力碳板张拉；5）碳纤维板黏结胶涂刷；6）检查、补涂、防护。

单位：根

顺序号	项目	单位	代号	碳板宽度（cm）					
				2		5		10	
				碳板长度（m）					
				20	±1	20	±1	20	±1
				4	5	6	7	8	9
1	人工	工日	1001001	2.7	0.135	4.1	0.203	5.4	0.270
2	碳纤维板黏结胶	kg	5001061	2.200	0.110	5.500	0.275	11.000	0.550
3	底胶	kg	5001446	0.080	0.004	0.200	0.010	0.400	0.020
4	找平胶	kg	5001447	0.120	0.006	0.300	0.015	0.600	0.030
5	碳纤维板	m²	5009029	0.440	0.022	1.100	0.055	2.200	0.110
6	碳板锚具（2cm）	套	6005027	2	-	-	-	-	-
7	碳板锚具（5cm）	套	6005028	-	-	2	-	-	-
8	碳板锚具（10cm）	套	6005029	-	-	-	-	2	-
9	其他材料费	元	7801001	12.000	0.600	15.0	0.750	18.0	0.900
10	1200kN 以内预应力拉伸机	台班	8005075	0.500	0.025	0.5	0.025	0.5	0.025
11	3kW 以内电动手持冲击钻	台班	8011086	0.250	0.013	0.25	0.013	0.25	0.013

续前页

单位:根

顺序号	项 目	单位	代 号	碳板宽度(cm)					
				2		5		10	
				碳板长度(m)					
				20	±1	20	±1	20	±1
				4	5	6	7	8	9
12	3kW以内电动混凝土打磨机	台班	8015093	0.250	0.013	0.625	0.031	0.75	0.038
13	小型机具使用费	元	8099001	5.000	0.250	5.0	0.250	5.0	0.250
14	基价	元	9999001	1876	41	3662	81	4949	141

注:本定额的碳板宽度取值为2cm、5cm、10cm,当实际碳板宽度与定额不同时,碳纤维板黏结胶、底胶、找平胶以及碳纤维、其他材料费的消耗量可内插取值,其余不变。

2-4 体外预应力加固

工程内容 体外预应力钢绞线:体外索安装、张拉、锚固及防护。
齿板、转向块:1)模板制作、安装、拆除、修理、涂脱模剂、堆放;2)钢筋除锈、制作、成型、电焊、绑扎、入模;3)混凝土运输、浇筑、捣固及养生。
体外预应力混凝土成孔:1)混凝土取芯机就位固定;2)钻孔,取出芯样;3)接加长杆钻孔。

I. 体外预应力钢绞线

单位:1t 环氧钢绞线

顺序号	项目	单位	代号	束长(m) 40m 以内 锚具型号					
				7 孔		12 孔		19 孔	
				每 t 3.82 束	每 ±1 束	每 t 2.33 束	每 ±1 束	每 t 1.41 束	每 ±1 束
				1	2	3	4	5	6
1	人工	工日	1001001	17.16	2.6	11.895	2.6	8.84	2.6
2	HPB300 钢筋	t	2001001	0.023	-	0.021	-	0.019	-
3	环氧钢绞线	t	2001009	1.040	-	1.040	-	1.040	-
4	20~22 号铁丝	kg	2001022	0.8		0.7		0.6	
5	电焊条	kg	2009011	0.3		0.2		0.2	
6	钢绞线群锚(7孔)	套	6005009	7.72	2.02	-	-	-	-
7	钢绞线群锚(12孔)	套	6005013	-	-	4.55	2.02	-	-
8	钢绞线群锚(19孔)	套	6005018	-	-	-	-	2.88	2.02

续前页

单位:1t 环氧钢绞线

顺序号	项目	单位	代号	束长(m) 40m 以内 锚具型号					
				7 孔		12 孔		19 孔	
				每 t 3.82 束	每 ±1 束	每 t 2.33 束	每 ±1 束	每 t 1.41 束	每 ±1 束
				1	2	3	4	5	6
9	其他材料费	元	7801001	12.3	-	7.7	-	5.4	-
10	钢绞线拉伸设备	台班	8005078	1.31	0.34	0.76	0.34	0.48	0.34
11	32kV·A 以内交流电弧焊机	台班	8015028	0.24	-	0.18	-	0.14	-
12	小型机具使用费	元	8099001	55.3	6.0	51.9	9.8	48.1	15.2
13	基价	元	9999001	10860	617	10208	828	9824	1124

续前页

单位:1t 环氧钢绞线

顺序号	项 目	单位	代 号	束长(m)					
				80m 以内					
				锚具型号					
				12 孔		19 孔		22 孔	
				每 t 1.38 束	每 ±1 束	每 t 0.87 束	每 ±1 束	每 t 0.75 束	每 ±1 束
				7	8	9	10	11	12
1	人工	工日	1001001	12.4	3.8	9.4	3.8	8.7	3.8
2	HPB300 钢筋	t	2001001	0.019	–	0.019	–	0.018	–
3	环氧钢绞线	t	2001009	1.040	–	1.040	–	1.040	–
4	20~22 号铁丝	kg	2001022	0.7	–	0.3	–	0.3	–
5	电焊条	kg	2009011	0.2	–	0.1	–	0.1	–
6	钢绞线群锚(12 孔)	套	6005013	2.79	2.02	–	–	–	–
7	钢绞线群锚(19 孔)	套	6005018	–	–	1.77	2.02	–	–
8	钢绞线群锚(22 孔)	套	6005019	–	–	–	–	1.53	2.02
9	其他材料费	元	7801001	5.1	–	4.5	–	4.0	–
10	钢绞线拉伸设备	台班	8005078	0.59	0.42	0.38	0.42	0.34	0.42
11	32kV·A 以内交流电弧焊机	台班	8015028	0.17	–	0.08	–	0.07	–
12	小型机具使用费	元	8099001	51.5	15.6	48.1	24.4	47.4	28.2
13	基价	元	9999001	9794	972	9427	1271	9342	1399

续前页 单位:1t 环氧钢绞线

顺序号	项 目	单位	代 号	束长(m) 120m 以内 锚具型号			
				22 孔		31 孔	
				每 t 0.41 束	每 ±1 束	每 t 0.29 束	每 ±1 束
				13	14	15	16
1	人工	工日	1001001	8.5	5.6	7.2	5.6
2	HPB300 钢筋	t	2001001	0.017	-	0.011	-
3	环氧钢绞线	t	2001009	1.040	-	1.040	-
4	20~22 号铁丝	kg	2001022	0.3	-	0.3	-
5	电焊条	kg	2009011	0.1	-	0.1	-
6	钢绞线群锚(22 孔)	套	6005019	0.83	2.02	-	-
7	钢绞线群锚(31 孔)	套	6005021	-	-	0.59	2.02
8	其他材料费	元	7801001	3.0	-	2.4	-
9	钢绞线拉伸设备	台班	8005078	0.22	0.53	0.16	0.53
10	32kV·A 以内交流电弧焊机	台班	8015028	0.07	-	0.06	-
11	小型机具使用费	元	8099001	46.9	51.1	45.5	72.0
12	基价	元	9999001	8984	1628	8815	2022

Ⅱ. 齿板、转向块

单位:10m³ 实体及1t 钢筋

顺序号	项 目	单位	代 号	齿 板	转向块	钢 筋
				混凝土		
				10m³		1t
				17	18	19
1	人工	工日	1001001	61.5	68.8	9.5
2	普 C50-42.5-2	m³	1503018	(10.50)	(10.50)	-
3	HPB300 钢筋	t	2001001	-	-	0.180
4	HRB400 钢筋	t	2001002	-	-	0.845
5	20~22 号铁丝	kg	2001022	-	-	4.5
6	铁皮	m²	2003044	25.8	20.1	-
7	电焊条	kg	2009011	-	-	2.9
8	铁件	kg	2009028	9.1	13.1	-
9	铁钉	kg	2009030	3.2	4.7	-
10	水	m³	3005004	16	16	-
11	原木	m³	4003001	0.191	0.279	-
12	锯材	m³	4003002	0.579	0.847	-
13	中(粗)砂	m³	5503005	4.62	4.62	-
14	碎石(2cm)	m³	5505012	7.88	7.88	-
15	42.5 级水泥	t	5509002	5.502	5.502	-
16	其他材料费	元	7801001	68.5	68.5	-

续前页　　单位：10m³ 实体及1t钢筋

顺序号	项　目	单位	代　号	齿　板	转　向　块	钢　筋
				混凝土		
				10m³		1t
				17	18	19
17	30kN以内单筒慢动卷扬机	台班	8009080	4.79	4.21	-
18	32kV·A以内交流电弧焊机	台班	8015028	-	-	2.42
19	小型机具使用费	元	8099001	40.6	40.6	32.4
20	基价	元	9999001	12312	13409	4871

Ⅲ. 体外预应力混凝土成孔

单位:1m

顺序号	项目	单位	代号	体外预应力混凝土成孔		
				直径(mm)		
				100	200	300
				20	21	22
1	人工	工日	1001001	1.6	2.6	3.4
2	金刚石薄壁钻头(φ100mm)	个	2009044	1	-	-
3	金刚石薄壁钻头(φ200mm)	个	2009045	-	1	-
4	金刚石薄壁钻头(φ300mm)	个	2009046	-	-	1
5	其他材料费	元	7801001	25.0	32.0	38.0
6	混凝土钻孔取芯机 φ200mm 以内	台班	8011078	0.75	1.6	-
7	混凝土钻孔取芯机 φ300mm 以内	台班	8011079	-	-	1.8
8	小型机具使用费	台班	8099001	25.0	35.0	45.0
9	基价	元	9999001	526	998	1406

注:本定额成孔直径为100mm、200mm、300mm,当实际直径不同时,工料机可内插取值。

Ⅳ. 体外预应力转向器、减震器

工程内容 转向器:转向器定位、型钢固定安装。

减震器:减震器固定、螺栓连接、注胶安装。

单位:1 套

顺序号	项目	单位	代号	体外预应力转向器	体外预应力减震器
				23	24
1	人工	工日	1001001	4.5	3.5
2	型钢	t	2003004	0.025	-
3	电焊条	kg	2009011	5.5	-
4	植筋胶	kg	5001839	-	0.3
5	体外预应力减震器	套	6009012	-	1
6	体外预应力转向器	套	6009013	1	-
7	其他材料费	元	7801001	25.0	15.0
8	3kW 以内电动手持冲击钻	台班	8011086	-	0.21
9	32kV·A 以内交流电弧焊机	台班	8015028	0.55	-
10	0.3m^3/min 以内电动空气压缩机	台班	8017039	-	0.04
11	小型机具使用费	元	8099001	18.0	25.0
12	基价	元	9999001	3135	1033

2-5　增设混凝土横隔板

工程内容　1)木模板制作、安装、拆除、修理、涂脱模剂、堆放;2)钢筋除锈、制作、成型、电焊、绑扎、入模;3)混凝土运输、浇筑、捣固及养生。

单位:10m³ 实体及 1t 钢筋

顺序号	项　目	单位	代　号	混　凝　土	钢　筋
				10m³	1t
				1	2
1	人工	工日	1001001	70.2	11.7
2	普 C50-42.5-2	m³	1503018	(10.50)	-
3	HPB300 钢筋	t	2001001	-	0.190
4	HRB400 钢筋	t	2001002	-	0.835
5	20~22 号铁丝	kg	2001022	-	5.8
6	钢板	t	2003005	0.051	
7	电焊条	kg	2009011	-	3.6
8	铁件	kg	2009028	28.9	-
9	铁钉	kg	2009030	10.3	-
10	水	m³	3005004	16	-
11	锯材	m³	4003002	1.863	-
12	中(粗)砂	m³	5503005	4.62	-
13	碎石(2cm)	m³	5505012	7.88	-

续前页　　　　单位:10m³ 实体及 1t 钢筋

顺序号	项　　目	单位	代　号	混　凝　土	钢　　筋
				10m³	1t
				1	2
14	42.5 级水泥	t	5509002	5.502	-
15	其他材料费	元	7801001	315.0	-
16	30kN 内单筒慢动卷扬机	台班	8009080	5.75	-
17	32kV·A 以内交流电弧焊机	台班	8015028	-	1.26
18	小型机具使用费	元	8099001	80.1	50.5
19	基价	元	9999001	15070	4920

注:本定额未包含混凝土表面处理、植筋等内容,需要时可按相关定额另行计算。

2－6　更换拱桥吊杆

工程内容　工具吊杆安拆：加工、运输、起吊、定位、张拉、卸载、拆除。

吊杆更换：1）拱上、梁端张拉平台安拆；2）旧吊杆卸载、拆除；3）新吊杆起吊、定位、锚固、张拉、锚头防腐。

单位：1t

顺序号	项　目	单位	代　号	工具吊杆	吊杆更换
				1	2
1	人工	工日	1001001	43.7	48.6
2	HPB300 钢筋	t	2001001	0.023	0.002
3	钢绞线	t	2001008	0.350	－
4	吊杆	t	2001018	－	1.000
5	钢丝绳	t	2001019	0.050	0.087
6	型钢	t	2003004	0.411	0.446
7	钢板	t	2003005	0.061	0.081
8	电焊条	kg	2009011	15.4	17.4
9	锯材	m^3	4003002	－	0.025
10	防腐聚氨酯	t	5009022	－	0.148
11	钢绞线群锚(8 孔)	套	6005010	1.50	－
12	其他材料费	元	7801001	146.1	581.1
13	3000kN 以内预应力拉伸机	台班	8005076	－	12.08

续前页 单位:1t

顺序号	项　目	单位	代　号	工具吊杆	吊杆更换
				1	2
14	钢绞线拉伸设备	台班	8005078	3.67	-
15	20t以内汽车式起重机	台班	8009029	1.53	2.45
16	50kN内单筒慢动卷扬机	台班	8009081	4.50	7.46
17	32kV·A以内交流电弧焊机	台班	8015028	5.05	6.03
18	小型机具使用费	元	8099001	107.3	190.1
19	基价	元	9999001	12977	35342

注:1. 本定额未包含原锚头扩孔,需要时可按体外预应力混凝土成孔定额另行计算。
2. 工具吊杆以t为单位,以钢绞线或精轧螺纹钢的质量计量,不包含锚具和上下横梁质量。

2-7 更换拱桥系杆※

工程内容 1)临时系杆安装;2)临时系杆张拉,旧系杆清理、拆除;3)新系杆安装、张拉,临时系杆拆除。

单位:1t

顺序号	项 目	单位	代 号	系杆更换
				1
1	人工	工日	1001001	59.0
2	钢绞线	t	2001008	0.215
3	钢丝绳	t	2001019	0.010
4	系杆	t	2003001	1.000
5	型钢	t	2003004	0.010
6	钢板	t	2003005	0.414
7	电焊条	kg	2009011	2.6
8	钢绞线群锚(22孔)	套	6005019	0.17
9	其他材料费	元	7801001	66.1
10	3000kN以内预应力拉伸机	台班	8005076	1.25
11	钢绞线拉伸设备	台班	8005078	1.47
12	20t以内汽车式起重机	台班	8009029	0.15
13	100kN以内单筒慢动电动卷扬机	台班	8009083	0.35
14	32kV·A以内交流电弧焊机	台班	8015028	0.60

续前页

单位：1t

顺序号	项 目	单位	代 号	系杆更换
				1
15	3m³/min 以内机动空气压缩机	台班	8017042	0.30
16	小型机具使用费	元	8099001	228.5
17	基价	元	9999001	22812

2-8 更换拱桥吊杆(系杆)保护罩

工程内容 系杆防护罩制作安装。

单位:1t

顺序号	项目	单位	代号	更换吊杆、系杆保护罩
				1
1	人工	工日	1001001	68.0
2	镀锌钢板	t	2003012	1.06
3	电焊条	kg	2009011	2.60
4	高强螺栓	套	2009047	55.00
5	电焊丝	kg	2009055	5.600
6	其他材料费	元	7801001	190.3
7	25t 以内汽车式起重机	台班	8009030	0.5
8	多辊板料校平机 16×2000mm	台班	8011081	0.8
9	磁力空心钻	台班	8011082	2.8
10	刨边机	台班	8011083	0.3
11	手持式砂轮机	台班	8011084	1.2
12	42kV·A 以内交流电弧焊机	台班	8015029	0.8
13	250A 以内 CO_2 保护焊机	台班	8015039	2.2
14	400A 以内等离子切割机	台班	8015041	0.56

续前页

单位:1t

顺序号	项 目	单位	代 号	更换吊杆、系杆保护罩
				1
15	55cm×45cm×55cm 电焊条烘干箱	台班	8015057	0.3
16	摇臂钻床	台班	8015092	1.1
17	小型机具使用费	元	8099001	230.5
18	基价	元	9999001	16269

2-9 安装拱桥吊杆(系杆)传感器

工程内容 传感器安装。

单位:表列单位

顺序号	项目	单位	代号	系杆压力传感器安装	系杆磁通量传感器安装
				1套	1套
				1	2
1	人工	工日	1001001	0.5	0.5
2	系杆拱用压力传感器	套	6009014	1.00	-
3	系杆磁通量传感器	套	6009015	-	1.00
4	70kW以内工程修理车	台班	8025003	0.083	0.083
5	调试仪器仪表	台班	8026034	0.15	0.12
6	小型机具使用费	元	8099001	0.61	-
7	基价	元	9999001	10128	11123

2-10 斜拉索更换

I.平行钢丝斜拉索更换

工程内容 1)塔顶门架、张拉平台安拆:安装塔顶门架、塔内外、梁端张拉平台安拆;2)张拉设备安拆:准备机具,安装油泵,千斤顶和反力架,张拉后拆除;3)滚筒、拖索小车、托架、角度调整支架安装、拆装;4)旧索拆除:旧索的卸载、下放、拆除;5)新索安装:安放索盘,桥面展索,起吊,将拉索两端锚头入锚箱;6)张拉索力调整:根据要求分级张拉斜拉索;7)索力调整、锚头防腐等。

单位:10t

顺序号	项 目	单位	代 号	平行钢丝斜拉索			
				斜拉索长度(m)			
				150以内		350以内	
				拆除	安装	拆除	安装
				1	2	3	4
1	人工	工日	1001001	158.1	194.0	112.8	130.2
2	钢绞线	t	2001008	0.030	0.040	0.130	0.140
3	平行钢丝斜拉索	t	2001015	-	10.000	-	10
4	钢丝绳	t	2001019	0.155	0.210	0.115	0.210
5	型钢	t	2003004	0.215	0.435	0.215	0.435
6	钢板	t	2003005	0.120	0.380	0.120	0.380
7	钢管	t	2003008	0.034	0.046	0.034	0.046
8	张拉杆	t	2003063	0.055	0.095	0.055	0.095

续前页

单位：10t

顺序号	项目	单位	代号	平行钢丝斜拉索			
				斜拉索长度(m)			
				150 以内		350 以内	
				拆除	安装	拆除	安装
				1	2	3	4
9	电焊条	kg	2009011	9.4	11.1	9.4	11.1
10	高强螺栓	套	2009047	8.5	10.3	8.5	10.3
11	锯材	m³	4003002	0.015	0.03	0.015	0.035
12	防腐聚氨酯	t	5009022	-	0.402	-	0.402
13	其他材料费	元	7801001	533.7	533.7	473.4	473.4
14	3000kN 以内预应力拉伸机	台班	8005076	21.05	25.84	-	-
15	5000kN 以内预应力拉伸机	台班	8005077	-	-	21.50	27.51
16	30t 以内平板拖车	台班	8007025	0.67	0.82	1.05	1.40
17	25t 以内汽车式起重机	台班	8009030	0.92	1.22	1.05	1.40
18	40t 以内汽车式起重机	台班	8009032	0.92	1.22	1.05	1.40
19	50kN 以内单筒慢动卷扬机	台班	8009081	19.64	25.23	16.64	23.25
20	80kN 以内单筒慢动卷扬机	台班	8009082	10.24	18.56	10.04	17.35
21	32kV·A 以内交流电弧焊机	台班	8015028	25.45	33.22	25.45	33.22
22	小型机具使用费	元	8099001	103.5	103.5	74.6	74.6
23	基价	元	9999001	37644	202323	35889	200007

Ⅱ. 钢绞线斜拉索更换

工程内容 1）塔顶门架、张拉平台安拆：塔顶门架、塔内张拉脚手架及工作平台安装、拆除；2）张拉、拆除设备安拆：准备机具，安装油泵、千斤顶和反力架；3）拆除旧索：旧索放松、下放、拆除；4）新索安装：钢绞线场内运输，下料制索，挂索，单根张拉，穿套管，整体张拉，索力调整，封锚，锚头防腐，场内50m以内运输等。

单位：10t

顺序号	项目	单位	代号	钢绞线斜拉索	
				拆除	安装
				5	6
1	人工	工日	1001001	175.3	336.4
2	钢绞线斜拉索	t	2001016	-	10.000
3	钢丝绳	t	2001019	0.115	0.159
4	型钢	t	2003004	0.225	0.348
5	钢板	t	2003005	0.085	0.157
6	钢管	t	2003008	0.024	0.028
7	电焊条	kg	2009011	2	2.1
8	高强螺栓	套	2009047	5.5	8.55
9	锯材	m³	4003002	0.025	0.044
10	防腐聚氨酯	t	5009022	-	0.881
11	其他材料费	元	7801001	616.9	864.6
12	1.0m³以内轮胎式装载机	台班	8001045	4.28	5.28
13	1200kN以内预应力拉伸机	台班	8005075	12.73	15.92

续前页

单位:10t

顺序号	项目	单位	代号	钢绞线斜拉索	
				拆除	安装
				5	6
14	5000kN以内预应力拉伸机	台班	8005077	12.73	15.92
15	8t以内载货汽车	台班	8007006	3.27	5.93
16	25t以内汽车式起重机	台班	8009030	4.44	6.37
17	30kN以内单筒慢动卷扬机	台班	8009080	25.80	28.94
18	50kN以内单筒慢动卷扬机	台班	8009081	15.20	18.11
19	32kV·A以内交流电弧焊机	台班	8015028	20.55	29.69
20	小型机具使用费	元	8099001	244.5	366.8
21	基价	元	9999001	45848	231422

2-11 钢结构加固

工程内容 增加钢截面:1)原钢结构表面处理、钻孔;2)新增钢构件工厂加工;3)现场吊运、就位、安装、高强螺栓连接。
裂纹修复:1)装备工作,箱内通风;2)裂纹磁粉探伤、裂纹现场复核;3)裂纹表面清理、钻止裂孔;4)清除裂纹、修补焊接。

单位:表列单位

顺序号	项目	单位	代号	增加钢截面	钢箱梁裂纹修复		开设检修孔 40cm×15cm
					箱内	箱外	
				1	2	3	4
				1t	10cm		1个
1	人工	工日	1001001	68.0	1.7	0.9	3.4
2	钢丝绳	t	2001019	0.050	-	-	-
3	型钢	t	2003004	0.110	-	-	-
4	钢板	t	2003005	1.060	-	-	0.007
5	电焊条	kg	2009011	2.6	0.4	0.3	4.6
6	高强螺栓	套	2009047	55.0	-	-	-
7	砂轮片	片	2009053	-	0.19	0.17	0.35
8	磁粉	kg	2009054	-	0.03	0.02	-
9	电焊丝	kg	2009055	5.600	-	-	-
10	其他材料费	元	7801001	190.3	5.5	5.5	12.1
11	42kV·A以内交流电弧焊机	台班	8015029	0.80	0.09	0.05	0.50

续前页

单位:表列单位

顺序号	项目	单位	代号	增加钢截面	钢箱梁裂纹修复		开设检修孔 40cm×15cm
					箱内	箱外	
				1	2	3	4
				1t	10cm		1个
12	250A 以内 CO_2 保护焊机	台班	8015039	2.20	−	−	−
13	25t 以内汽车式起重机	台班	8009030	0.50	−	−	−
14	多辊板料校平机	台班	8011081	0.80	−	−	−
15	磁力空心钻	台班	8011082	2.80	−	−	−
16	刨边机	台班	8011083	0.30	−	−	−
17	磁粉探伤机	台班	8011085	−	0.05	0.03	−
18	手持式砂轮机	台班	8011084	1.20	0.23	0.11	0.27
19	400A 以内等离子切割机	台班	8015041	0.56	−	−	−
20	φ50 摇臂钻床	台班	8015092	1.10	−	−	−
21	55cm×45cm×55cm 电焊条烘干箱	台班	8015057	0.30	0.05	0.03	0.04
22	轴流式通风机(7.5kW 以内)	台班	8023001	−	0.34	−	−
23	$3m^3$/min 机动空压机	台班	8017042	−	0.12	−	−
24	小型机具使用费	元	8099001	230.5	6.9	6.9	12.9
25	基价	元	9999001	15901	273	132	558

注:本定额未包含钢结构表面除锈、防腐,需要时可按钢结构表面除锈、防护定额另行计算。

2－12 斜拉索索体修复

工程内容 索体 PE 护套一般损伤修复：1）施工挂篮安装；2）索体病害复查、索体裂缝修复；3）设备拆除。
PVF 带缠包：1）缠包设备安装；2）施工挂篮安装；3）PVF 带缠绕；4）缠绕机拆除。

单位：表列单位

顺序号	项目	单位	代号	一般修复	PVF 带缠包
				1m	$10m^2$
				1	2
1	人工	工日	1001001	1.5	2.5
2	PE 片料	m	5009450	1.10	-
3	PVF 带	m^2	5009451	-	10.50
4	其他材料费	元	7801001	35	72.16
5	50kN 内单筒慢动卷扬机	台班	8009081	0.75	0.65
6	PFV 缠包带缠绕机	台班	8025015	-	0.56
7	3kW 以内电动混凝土打磨机	台班	8015093	0.261	-
8	挤出式焊枪	台班	8025016	0.130	-
9	小型机具使用费	元	8099001	10.00	15.000
10	基价	元	9999001	430	2045

注：高空作业人工单价乘以系数 1.3。

2-13 悬索桥悬吊体系

工程内容 索夹紧固:1）施工平台安拆;2）螺栓拉拔套筒安装;3）螺栓分级张拉紧固;4）索夹涂层修复。
吊索直线段防腐:1）施工平台安拆;2）基层处理;3）涂刮硫化型橡胶密封剂、缠布;4）涂装面漆。
吊索骑跨部位防腐:1）施工平台安拆;2）基层处理;3）涂刮硫化型橡胶密封剂、缠布;4）直线段对接施工。

单位:表列单位

顺序号	项目	单位	代号	索夹紧固	吊索防腐	
					直线段防腐	骑跨部位防腐
				10个	1处	1处
				1	2	3
1	人工	工日	1001001	18.0	4.0	4.0
2	环氧富锌底漆	kg	5009024	1.03	0.17	0.14
3	硫化型橡胶密封剂	kg	5009452	-	4.30	5.00
4	高强度玻璃纤维布	m²	5009453	-	0.85	0.85
5	环氧中间漆	kg	5009025	1.03	0.16	0.16
6	氟碳面漆	kg	5009026	3	0.14	0.14
7	其他材料费	元	7801001	45.0	15.0	15.0
8	液压螺栓拉伸器	台班	8025017	3.00	-	-
9	100L以内低速搅拌器	台班	8011080	-	0.20	0.20
10	3kW以内电动混凝土打磨机	台班	8015093	1.2	0.2	0.2
11	小型机具使用费	元	8099001	10.0	15.0	15.0
12	基价	元	9999001	3832	946	980

注:高空作业人工单价乘以系数1.3。

第三章 其他工程

说　明

1. 本章定额包括拆除部分构件,更换支座,支座保养维修,更换伸缩缝,混凝土表面处理,混凝土桥梁表层缺陷修补,混凝土裂缝处理,植筋及锚栓,施工悬挂平台,交通警示设施,钢结构表面除锈、防护,钢筋阻锈,混凝土表面防护,桥面铺装维修,钢筋混凝土护栏养护刷漆,桥面铺装维修,钢筋混凝土护栏养护刷漆,桥面排水系统维修,人行道板维修,搭拆脚手架、踏步。

2. 混凝土桥梁表层缺陷修补定额未包括对原混凝土表面处理。

3. 混凝土裂缝处理定额中,表面封闭法适用于宽度小于 0.15mm 的裂缝处理;自动低压渗注法适用于数量较多、宽度在 0.1~1.5mm 的裂缝处理;压力注浆法适用于较深、宽度大于或等于 0.15mm 的裂缝处理。

4. 交通警示设施作业区长度按 6km 编制(警告区 1600m,上游过渡 190m,缓冲 150m,工作区 4000m,下游过渡区 30m,终止区 30m)。其中 1 套交通警示设施,是指按现行《公路养护安全作业规程》(JTG H30)的规定所需要的标志牌(包括圆形、三角形施工标志牌,矩形标志牌,附设施工警示灯护栏)的总数量。标志牌定额消耗量按使用期 3 年摊销计算。

5. 更换伸缩缝的长度是指桥面行车道的宽度,行车道以外的伸缩缝的工、料、机消耗量已综合在定额中。

3-1 拆除部分构件

工程内容 拆除:1)作业区简单防护;2)撬除圬工,凿除、切割或炸除混凝土;3)清理现场,整堆材料。
吊装:切割块吊装。

单位:表列单位

顺序号	项目	单位	代号	拆除干砌圬工	拆除浆砌圬工	凿除混凝土及钢筋混凝土		切割混凝土及钢筋混凝土			炸除混凝土及钢筋混凝土
						梁体	桥面铺装	链锯切割	盘锯切割	吊装	
				10m³				1m²切割面积		10m³	
				1	2	3	4	5	6	7	8
1	人工	工日	1001001	3.6	6.4	42.1	25.8	1.3	1	3.9	11.3
2	链条	m	2009051	-	-	-	-	0.9	-	-	-
3	锯片	个	2009052	-	-	-	-	-	0.22	-	-
4	硝铵炸药	kg	5005002	-	-	-	-	-	-	-	3.4
5	导火线	m	5005003	-	-	-	-	-	-	-	32
6	普通雷管	个	5005006	-	-	-	-	-	-	-	21
7	其他材料费	元	7801001	-	-	28.0	60.2	29.1	24.3	0.5	62.5
8	手持式风动凿岩机	台班	8001102	-	-	-	3.39	-	-	-	-
9	20t以内汽车式起重机	台班	8009029	-	-	-	-	-	-	0.91	-
10	链式切割机	台班	8015090	-	-	-	-	0.33	-	-	-

续前页

单位:表列单位

顺序号	项目	单位	代号	拆除干砌圬工	拆除浆砌圬工	凿除混凝土及钢筋混凝土		切割混凝土及钢筋混凝土			炸除混凝土及钢筋混凝土
						梁体	桥面铺装	链锯切割	盘锯切割	吊装	
				$10m^3$				$1m^2$ 切割面积		$10m^3$	
				1	2	3	4	5	6	7	8
11	盘式切割机	台班	8015091	-	-	-	-	-	0.38	-	-
12	$3m^3$/min 以内机动空气压缩机	台班	8017047	-	-	-	5.45	-	-	-	-
13	基价	元	9999001	383	680	4502	4482	1102	660	1515	1379

注:本定额未包括拆除后弃渣的运输,需要时按现行《公路工程预算定额》(JTG/T 3832)石方运输定额另行计算。

3-2 更换支座

工程内容 更换支座:1)清理支座处杂物;2)拆除旧支座;3)安装新支座。
梁体顶升:1)顶升千斤顶安装、就位;2)同步顶升设备连接、调试;3)梁体顶升、复位。

Ⅰ. 更换板式橡胶支座及高阻尼隔震橡胶支座　　　　　　　　　　　　　单位:表列单位

顺序号	项目	单位	代号	更换支座			梁体顶升	
				板式橡胶支座	四氟板式橡胶支座	高阻尼隔震橡胶支座	单跨跨径(m)	
							30以内	50以内
				$10dm^3$			1孔	
				1	2	3	4	5
1	人工	工日	1001001	5.0	5.5	6.0	28.0	42.0
2	HRB400钢筋	t	2001002	-	0.010	-	-	-
3	钢板	t	2003005	-	0.090	-	0.690	0.890
4	电焊条	kg	2009011	-	1.0	-	-	-
5	四氟板式支座	dm^3	6001002	-	10.0	-	-	-
6	板式橡胶支座	dm^3	6001003	10.0	-	-	-	-
7	高阻尼隔震橡胶支座	dm^3	6001137	-	-	10.0	-	-
8	其他材料费	元	7801001	11.9	35.7	53.1	24.3	39.8

续前页

单位:表列单位

顺序号	项 目	单位	代 号	更 换 支 座			梁 体 顶 升	
				板式橡胶支座	四氟板式橡胶支座	高阻尼隔震橡胶支座	单跨跨径(m)	
							30以内	50以内
				10dm³			1孔	
				1	2	3	4	5
9	同步顶升设备	台班	8009156	-	-	-	6.00	6.00
10	32kV·A以内交流电弧焊机	台班	8015028	-	0.25	-	-	-
11	小型机具使用费	元	8099001	23.5	24.8	41.2	72.1	113.9
12	基价	元	9999001	1037	1647	2527	10144	12399

注:1.本定额梁体顶升桥宽为12m,如实际宽度与定额不同时可按比例换算。
　　2.本定额未计入梁体顶升时需要的反力架、支架、施工平台等辅助措施,如需要时可另行计算。

Ⅱ.更换盆式支座

单位:1个

顺序号	项 目	单位	代 号	支座反力(kN)					
				3000	4000	5000	7000	10000	15000
				6	7	8	9	10	11
1	人工	工日	1001001	98.8	99.8	100.4	127.6	130.4	159.2
2	支座预埋钢板	kg	2003013	-	-	-	-	-	-
3	钢板	t	2003005	0.50	0.50	0.50	0.55	0.55	0.55
4	电焊条	kg	2009011	0.90	1.0	1.10	1.30	1.60	1.9
5	环氧树脂	kg	5009009	2.90	3.5	4.40	5.40	7.70	10.9
6	中(粗)砂	m³	5503005	0.01	0.02	0.02	0.02	0.03	0.05
7	52.5级水泥	t	5509003	0.01	0.02	0.02	0.03	0.041	0.051
8	盆式橡胶支座(DX,3000kN)	套	6001061	1	-	-	-	-	-
9	盆式橡胶支座(DX,4000kN)	套	6001067		1				
10	盆式橡胶支座(DX,5000kN)	套	6001070	-	-	1	-	-	-
11	盆式橡胶支座(DX,7000kN)	套	6001076	-	-	-	1	-	-
12	盆式橡胶支座(DX,10000kN)	套	6001085	-	-	-	-	1	-
13	盆式橡胶支座(DX,15000kN)	套	6001091	-	-	-	-	-	1
14	其他材料费	元	7801001	24.0	31.8	37.0	48.8	69.4	98.2
15	同步顶升设备(千斤顶型号100t)	台班	8009156	4.0	5.3	6.7	-	-	-
16	同步顶升设备(千斤顶型号200t)	台班	8009157	-	-	-	5.8	8.3	-
17	同步顶升设备(千斤顶型号400t)	台班	8009158	-	-	-	-	-	7.5

续前页

单位:1个

顺序号	项　目	单位	代号	支座反力(kN)					
				3000	4000	5000	7000	10000	15000
				6	7	8	9	10	11
18	同步顶升设备(千斤顶型号500t)	台班	8009159	-	-	-	-	-	-
19	20t以内汽车式起重机	台班	8009029	1.5	1.5	1.5	2	0.5	0.5
20	30t以内汽车式起重机	台班	8009031	-	-	-	-	2.5	3.0
21	40t以内汽车式起重机	台班	8009032	-	-	-	-	-	-
22	32kV·A以内交流电弧焊机	台班	8015028	0.24	0.26	0.30	0.35	0.42	0.51
23	小型机具使用费	元	8099001	10.6	11.8	13.8	17.0	19.2	21.2
24	基价	元	9999001	19880	22325	25042	34377	44752	64039

续前页

单位:1个

顺序号	项目	单位	代号	支座反力(kN)					
				20000	25000	30000	35000	40000	45000
				12	13	14	15	16	17
1	人工	工日	1001001	161.4	190.4	217.0	223.6	226.6	231.8
2	支座预埋钢板	kg	2003013	—	—	—	—	—	—
3	钢板	t	2003005	0.60	0.60	0.60	0.70	0.70	0.80
4	电焊条	kg	2009011	2.20	2.5	2.70	2.90	3.10	3.4
5	环氧树脂	kg	5009009	14.70	18.7	21.00	26.00	28.00	33
6	中(粗)砂	m³	5503005	0.06	0.08	0.09	0.11	0.12	0.15
7	52.5级水泥	t	5509003	0.071	0.092	0.102	0.133	0.143	0.163
8	盆式橡胶支座(DX,20000kN)	套	6001097	1	—	—	—	—	—
9	盆式橡胶支座(DX,25000kN)	套	6001103	—	1	—	—	—	—
10	盆式橡胶支座(DX,30000kN)	套	6001109	—	—	1	—	—	—
11	盆式橡胶支座(DX,35000kN)	套	6001115	—	—	—	1	—	—
12	盆式橡胶支座(DX,40000kN)	套	6001121	—	—	—	—	1	—
13	盆式橡胶支座(DX,45000kN)	套	6001124	—	—	—	—	—	1
14	其他材料费	元	7801001	121.0	146.4	166.4	191.6	203.8	235.4
15	同步顶升设备(千斤顶型号100t)	台班	8009156	—	—	—	—	—	—
16	同步顶升设备(千斤顶型号200t)	台班	8009157	—	—	—	—	—	—
17	同步顶升设备(千斤顶型号400t)	台班	8009158	10.0	14.6	—	—	—	—

续前页

单位:1个

顺序号	项目	单位	代号	支座反力(kN)					
				20000	25000	30000	35000	40000	45000
				12	13	14	15	16	17
18	同步顶升设备(千斤顶型号500t)	台班	8009159	-	-	16.0	18.7	21.3	24.0
19	20t以内汽车式起重机	台班	8009029	0.5	0.5	0.5	1	1	1
20	30t以内汽车式起重机	台班	8009031	3	3.5	4	4	4	-
21	40t以内汽车式起重机	台班	8009032	-	-	-	-	-	4
22	32kV·A以内交流电弧焊机	台班	8015028	0.60	0.66	0.74	0.79	0.84	0.9
23	小型机具使用费	元	8099001	23.4	26.6	28.8	30.8	34.0	36.2
24	基价	元	9999001	80466	107203	135591	160169	185915	205505

续前页　　　　单位:1个

顺序号	项　　目	单位	代　号	支座反力(kN)			抗风支座
				50000	55000	60000	
				18	19	20	21
1	人工	工日	1001001	237.9	239.1	294.1	179.0
2	支座预埋钢板	kg	2003013	-	-	-	-
3	钢板	t	2003005	0.9	0.90	0.90	0.500
4	电焊条	kg	2009011	3.5	3.7	3.80	2.70
5	环氧树脂	kg	5009009	35	40.0	42.00	20.00
6	中(粗)砂	m^3	5503005	0.15	0.18	0.18	0.09
7	52.5级水泥	t	5509003	0.173	0.20	0.21	0.10
8	盆式橡胶支座(DX,50000kN)	套	6001127	1	-	-	-
9	盆式橡胶支座(DX,55000kN)	套	6001130	-	1	-	-
10	盆式橡胶支座(DX,60000kN)	套	6001133	-		1	-
11	抗风支座	个	6001136	-	-	-	1
12	其他材料费	元	7801001	250.8	278.8	291.0	120.0
13	同步顶升设备(千斤顶型号100t)	台班	8009156	-	-	-	-
14	同步顶升设备(千斤顶型号200t)	台班	8009157	-	-	-	-
15	同步顶升设备(千斤顶型号400t)	台班	8009158	-	-	-	15.00
16	同步顶升设备(千斤顶型号500t)	台班	8009159	30.0	33.0	36.0	-
17	20t以内汽车式起重机	台班	8009029	1	1	1	3

续前页

单位:1个

顺序号	项目	单位	代号	支座反力(kN)			抗风支座
				50000	55000	60000	
				18	19	20	21
18	30t以内汽车式起重机	台班	8009031	-	-	-	-
19	40t以内汽车式起重机	台班	8009032	4	4.5	5	-
20	32kV·A以内交流电弧焊机	台班	8015028	0.94	0.99	1.03	0.6
21	小型机具使用费	元	8099001	38.2	42.4	53.0	60
22	基价	元	9999001	223565	275075	307350	151968

注:1. 本定额已考虑盆式支座更换时顶升消耗。
　　2. 本定额未计入梁体顶升时需要的反力架、支架、施工平台等辅助措施,需要时可另行计算。

III. 更换球型支座

单位:1个

顺序号	项目	单位	代号	支座反力(kN)					
				2000	3000	4000	5000	6000	7000
				22	23	24	25	26	27
1	人工	工日	1001001	98.0	98.2	98.4	110.6	110.6	110.8
2	支座预埋钢板	kg	2003013	-	-	-	-	-	-
3	钢板	t	2003005	0.50	0.50	0.50	0.50	0.55	0.55
4	电焊条	kg	2009011	0.80	1.0	1.10	1.20	1.30	1.4
5	环氧树脂	kg	5009009	2.80	3.6	4.10	5.20	5.60	6.2
6	中(粗)砂	m^3	5503005	0.01	0.02	0.02	0.02	0.03	0.03
7	52.5级水泥	t	5509003	0.01	0.02	0.02	0.03	0.031	0.031
8	球型支座(DX,2000kN)	套	6001004	1	-	-	-	-	-
9	球型支座(DX,3000kN)	套	6001007	-	1	-	-	-	-
10	球型支座(DX,4000kN)	套	6001010	-	-	1	-	-	-
11	球型支座(DX,5000kN)	套	6001013	-	-	-	1	-	-
12	球型支座(DX,6000kN)	套	6001016	-	-	-	-	1	-
13	球型支座(DX,7000kN)	套	6001019	-	-	-	-	-	1
14	其他材料费	元	7801001	25.2	35.0	40.8	52.4	56.4	60.2
15	同步顶升设备(千斤顶型号100t)	台班	8009156	2.7	4.0	5.3	6.7	8.0	-
16	同步顶升设备(千斤顶型号200t)	台班	8009157	-	-	-	-	-	7.0
17	同步顶升设备(千斤顶型号400t)	台班	8009158	-	-	-	-	-	-

续前页

单位:1个

顺序号	项目	单位	代号	支座反力(kN)					
				2000	3000	4000	5000	6000	7000
				22	23	24	25	26	27
18	同步顶升设备(千斤顶型号500t)	台班	8009159	-	-	-	-	-	-
19	20t以内汽车式起重机	台班	8009029	1.5	1.5	1.5	2	2.5	3.0
20	32kV·A以内交流电弧焊机	台班	8015028	0.20	0.24	0.26	0.28	0.30	0.35
21	小型机具使用费	元	8099001	10.6	11.8	13.8	14.8	16.0	17
22	基价	元	9999001	17694	19966	21847	26208	29409	34761

续前页

单位:1个

顺序号	项 目	单位	代 号	支座反力(kN)						
				8000	9000	10000	12500	15000	17500	20000
				28	29	30	31	32	33	34
1	人工	工日	1001001	123.0	123.2	147.2	147.4	147.6	184.2	184.4
2	支座预埋钢板	kg	2003013	-	-	-	-	-	-	-
3	钢板	t	2003005	0.55	0.55	0.65	0.65	0.65	0.65	0.65
4	电焊条	kg	2009011	1.50	1.6	1.60	1.90	2.00	2.20	2.3
5	环氧树脂	kg	5009009	7.30	8.2	8.50	9.50	11.00	13.00	14.7
6	中(粗)砂	m^3	5503005	0.03	0.04	0.04	0.05	0.05	0.06	0.08
7	52.5级水泥	t	5509003	0.031	0.041	0.050	0.050	0.060	0.070	0.080
8	球型支座(DX,8000kN)	套	6001022	1	-	-	-	-	-	-
9	球型支座(DX,9000kN)	套	6001025	-	1	-	-	-	-	-
10	球型支座(DX,10000kN)	套	6001028	-	-	1	-	-	-	-
11	球型支座(DX,12500kN)	套	6001031	-	-	-	1	-	-	-
12	球型支座(DX,15000kN)	套	6001034	-	-	-	-	1	-	-
13	球型支座(DX,17500kN)	套	6001037	-	-	-	-	-	1	-
14	球型支座(DX,20000kN)	套	6001040	-	-	-	-	-	-	1
15	其他材料费	元	7801001	68.0	73.8	80.0	97.4	105.6	127.6	142.6
16	同步顶升设备(千斤顶型号100t)	台班	8009156	-	-	-	-	-	-	-
17	同步顶升设备(千斤顶型号200t)	台班	8009157	8.0	9.0	10.0	12.5	-	-	-

续前页

单位：1个

顺序号	项 目	单位	代 号	支座反力(kN)						
				8000	9000	10000	12500	15000	17500	20000
				28	29	30	31	32	33	34
18	同步顶升设备(千斤顶型号400t)	台班	8009158	-	-	-	-	7.5	8.8	10.0
19	同步顶升设备(千斤顶型号500t)	台班	8009159	-	-	-	-	-	-	-
20	20t 以内汽车式起重机	台班	8009029	3.0	3.0	4.0	4.0	4.0	4.0	4.0
21	32kV·A 以内交流电弧焊机	台班	8015028	0.43	0.44	0.55	0.65	0.70	0.84	0.9
22	小型机具使用费	元	8099001	18.0	19.2	20.2	21.2	22.4	23.4	24.4
23	基价	元	9999001	38584	41978	48633	55678	60901	72178	78583

注：1. 本定额已考虑球型支座更换时顶升消耗。
    2. 本定额未计入梁体顶升时需要的反力架、支架、施工平台等辅助措施，需要时可另行计算。

3-3 支座保养维修

工程内容 支座清扫:清理支座处杂物,清理污垢。
支座涂漆:除锈,刷底漆、面漆各一遍。
盆式支座维护:1)清洁、清扫;2)加注润滑油。
更换盆式支座防尘罩:1)清洁、清扫;2)清除旧防尘罩残留;3)防尘罩现场下料及粘结、安装。

单位:表列单位

顺序号	项目	单位	代号	支座清扫 1处	支座涂漆 10个	盆式支座维护 1套次	更换盆式支座防尘罩 1m²
				1	2	3	4
1	人工	工日	1001001	0.41	4.12	1.2	0.7
2	桥梁支座用橡胶防尘罩	m2	5001066	-	-	-	1.2
3	粘结胶	kg	5001768	-	-		2.2
4	润滑油脂	kg	5004064	-	-	2.3	-
5	油漆	kg	5009002	-	1.52	-	
6	其他材料费	元	7801001	2.6	3.4	4	15
7	小型机具使用费	元	8099001	-	-	20	25
8	基价	元	9999001	46	465	255	264

3-4 更换伸缩缝

工程内容 拆除伸缩缝:1)清理伸缩缝处杂物;2)拆除旧伸缩缝。

安装伸缩缝:毛勒伸缩缝:1)安装前的检查及准备工作,作业面清理,调整钢筋;2)吊装伸缩缝就位;3)现场对接;4)伸缩缝高程调整;5)对伸缩缝临时固定;6)伸缩缝与预埋钢筋的焊接;7)预留槽内浇注钢纤维混凝土、振捣、养生;8)解除伸缩缝锁定装置;9)嵌入密封橡胶条。

其他伸缩缝:1)作业面清理;裁焊钢板,加工、安装锚栓;2)钢筋除锈、制作、绑扎、焊接;3)熬化、涂刷沥青,填塞沥青;4)安放橡胶条;5)安装氯丁橡胶板及上螺栓。

Ⅰ. 拆除伸缩缝

单位:表列单位

顺序号	项目	单位	代号	橡胶条	板式橡胶伸缩缝	钢板	梳齿钢板伸缩缝	模数式伸缩缝 伸缩量(mm) 160以内	模数式伸缩缝 伸缩量(mm) 160以上
				10m				1m	
				1	2	3	4	5	6
1	人工	工日	1001001	4.6	13.0	14.5	29.5	2.5	5.5
2	其他材料费	元	7801001	5.0	6.0	32.0	30.0	4.8	8.8
3	半自动切割机	台班	8015042	-	-	-	0.25	0.02	0.03
4	$3m^3$/min以内电动空压机	台班	8017042	-	-	-	13.50	1.00	1.92
5	小型机具使用费	元	8099001	-	13.0	59.0	17.5	3.0	4.4
6	基价	元	9999001	494	1401	1632	5708	461	957

Ⅱ. 安装伸缩缝

单位:表列单位

顺序号	项目	单位	代号	橡胶条伸缩缝	板式橡胶伸缩缝	钢板伸缩缝	梳齿钢板伸缩缝	模数式伸缩缝					
								伸缩量(mm)				预留槽混凝土	预留槽钢筋
								480以内	880以内	1520以内	2160以内		
				10m				1m				$10m^3$	1t
				7	8	9	10	11	12	13	14	15	16
1	人工	工日	1001001	6.3	19.7	15.4	86.8	1.1	5	18.5	39.5	24.7	9.5
2	普 C30-32.5-2	m^3	1503009	–	–	–	(2.60)	–	–	–	–	–	–
3	普 C40-32.5-2	m^3	1503013	–	(1.00)	–	–	–	–	–	–	–	–
4	普 C50-42.5-2	m^3	1503018	–	–	–	–	–	–	–	–	(10.20)	–
5	HPB300 钢筋	t	2001001	0.040	0.110	0.030	0.190	–	–	–	–	–	0.156
6	HRB400 钢筋	t	2001002	–	–	–	–	–	–	–	–	–	0.869
7	钢丝绳	t	2001019	–	–	–	–	0.002	0.005	0.010	0.019	–	
8	钢纤维	t	2001020	–	–	–	–	–	–	–	–	0.785	–
9	20~22 号铁丝	kg	2001022	–	–	–	–	–	–	–	–	–	4.1
10	型钢	t	2003004	0.100	–	0.260	0.010	–	–	–	–	–	–
11	钢板	t	2003005	0.050	–	0.250	2.660	–	–	–	–	–	–
12	铁皮	m^2	2003044	5.0	–	1.0	1.0	–	–	–	–	–	–
13	电焊条	kg	2009011	6.0	11.0	14.0	48.0	0.7	2.7	19.5	50.3	–	4.3
14	铁件	kg	2009028	–	15.0	–	–	–	–	–	–	–	–

续前页

单位：表列单位

顺序号	项目	单位	代号	橡胶条伸缩缝	板式橡胶伸缩缝	钢板伸缩缝	梳齿钢板伸缩缝	模数式伸缩缝 伸缩量（mm）				预留槽混凝土	预留槽钢筋
								480以内	880以内	1520以内	2160以内		
				10m				1m				10m³	1t
				7	8	9	10	11	12	13	14	15	16
15	石油沥青	t	3001001	0.010	–	0.010	0.050	–	–	–	–	–	–
16	水	m³	3005004	–	–	–	40	–	–	–	–	15	–
17	锯材	m³	4003002	–	–	–	–	–	–	–	–	0.023	–
18	橡胶条	kg	5001004	33.0	–	–	–	–	–	–	–	–	–
19	中（粗）砂	m³	5503005	–	0.40	–	1.20	–	–	–	–	4.49	–
20	碎石(2cm)	m³	5505012	–	0.78	–	2.05	–	–	–	–	7.65	–
21	32.5级水泥	t	5509001	–	0.488	–	1.060	–	–	–	–	–	–
22	42.5级水泥	t	5509002	–	–	–	–	–	–	–	–	5.345	–
23	模数式伸缩装置240型	m	6003004	–	–	–	–	1	–	–	–	–	–
24	模数式伸缩装置880型	m	6003007	–	–	–	–	–	1	–	–	–	–
25	模数式伸缩装置1200型	m	6003008	–	–	–	–	–	–	1	–	–	–
26	模数式伸缩装置1680型	m	6003009	–	–	–	–	–	–	–	1	–	–
27	板式橡胶伸缩缝	m	6003010	–	10	–	–	–	–	–	–	–	–
28	其他材料费	元	7801001	–	56	22.0	228.0	20.8	83.2	167.2	224.3	2.0	–

续前页　　　　单位：表列单位

顺序号	项　目	单位	代　号	橡胶条伸缩缝	板式橡胶伸缩缝	钢板伸缩缝	梳齿钢板伸缩缝	模数式伸缩缝					
								伸缩量(mm)				预留槽混凝土	预留槽钢筋
								480以内	880以内	1520以内	2160以内		
				10m				1m				$10m^3$	1t
				7	8	9	10	11	12	13	14	15	16
29	12t以内汽车式起重机	台班	8009027	–	–	–	–	0.04	–	–	–	0.42	–
30	20t以内汽车式起重机	台班	8009029	–	–	–	–	–	0.11	–	–	–	–
31	30t以内汽车式起重机	台班	8009031	–	–	–	–	–	–	0.61	–	–	–
32	50t以内汽车式起重机	台班	8009033	–	–	–	–	–	–	–	0.86	–	–
33	32kV·A以内交流电弧焊机	台班	8015028	1.90	2.50	2.20	9.20	0.14	0.39	1.02	1.49	–	0.84
34	小型机具使用费	元	8099001	–	24.0	–	108.0	11.4	37.3	63.7	83.9	3.8	19.4
35	基价	元	9999001	2139	6380	4110	22635	2618	64994	93187	191337	10121	4570

3-5 混凝土表面处理

工程内容 清洁、清洗:1)压缩空气或高压射水吹净、冲洗混凝土表面;2)清理现场。
打磨:1)机械打磨混凝土表面;2)清理现场。
凿毛:1)人工或机械凿毛混凝土表面;2)清理现场。
凿除:1)人工或机械凿除表面混凝土;2)人工补凿个别部位;3)清理现场。

单位:10m²

顺序号	项目	单位	代号	清洁、清洗		打磨	凿毛		混凝土凿除			
				压缩空气	高压射水		人工	机械	人工		机械	
									凿除表层厚度(cm)			
									1.0以内	±0.5	2.0以内	±0.5
				1	2	3	4	5	6	7	8	9
1	人工	工日	1001001	0.4	0.5	0.6	3.7	1.1	6.1	1.6	2.2	0.6
2	水	m³	3005004	-	3	-	-	-	-	-	-	-
3	手持式风动凿岩机	台班	8001102	-	-	-	-	1.34	-	-	1.27	0.27
4	φ50mm内电动单级离心水泵	台班	8013001	-	0.22	-	-	-	-	-	-	-
5	3kW以内电动混凝土打磨机	台班	8015093	-	-	0.76	-	-	-	-	-	-
6	0.3m³/min以内电动空压机	台班	8017039	0.17	-	-	-	-	0.18	-	0.18	-
7	3m³/min以内机动空压机	台班	8017047	-	-	0.31	-	0.44	-	-	0.60	0.13
8	小型机具使用费	台班	8099001	4.6	7.9	10.0	5.5	8.4	17.9	4.9	29.1	6.1
9	基价	元	9999001	52	78	255	399	279	671	175	469	113

注:本定额消耗量按立面施工计算,采用仰面施工时人工消耗乘以1.3的系数。

3-6 混凝土桥梁表层缺陷修补

工程内容 聚合物混凝土、改性环氧混凝土修补:1)模板安装、拆除、修理、涂脱模剂、堆放;2)原结构结合面涂抹改性环氧基液;3)聚合物混凝土、改性环氧混凝土配料、浇筑、捣固、养生。

聚合物砂浆、改性环氧砂浆修补:1)原结构结合面涂抹改性环氧基液;2)水泥砂浆或环氧砂浆配料、拌和、运输;3)人工涂抹、刮压砂浆或环氧砂浆及养生。

混凝土修补缺陷:1)钢模板组拼及安装、拆除、修理、涂脱模剂、堆放;2)混凝土配运料、人工拌和、运输、浇筑、捣固及养生;3)清理现场。

涂抹修补缺陷:1)水泥砂浆配运料、人工拌和、运输、涂抹、压刮及养生;2)清理现场。

单位:表列单位

顺序号	项目	单位	代号	聚合物混凝土	改性环氧混凝土	聚合物水泥砂浆		改性环氧砂浆	
						厚度(cm)		厚度(mm)	
						2	±1	10	±1
				$1m^3$	$1m^3$	$10m^2$			
				1	2	3	4	5	6
1	人工	工日	1001001	7.5	7.9	0.8	0.3	1.0	0.4
2	型钢	t	2003004	0.034	0.034	-	-	-	-
3	组合钢模板	t	2003026	0.070	0.070	-	-	-	-
4	铁件	kg	2009028	6.2	6.2	-	-	-	-
5	水	m^3	3005004	-	2	-	-	-	-
6	原木	m^3	4003001	0.024	0.024	-	-	-	-

续前页 单位:表列单位

顺序号	项目	单位	代号	聚合物混凝土	改性环氧混凝土	聚合物水泥砂浆 厚度(cm)		改性环氧砂浆 厚度(mm)	
						2	±1	10	±1
				$1m^3$	$1m^3$	$10m^2$			
				1	2	3	4	5	6
7	锯材	m^3	4003002	0.184	0.184	-	-	-	-
8	改性环氧基液	kg	5001062	-	275.7	-	-	33.9	3.4
9	聚合物水泥砂浆	m^3	5009020	-	-	0.22	0.11	-	-
10	聚合物混凝土	m^3	5009021	1.05	-	-	-	-	-
11	中(粗)砂	m^3	5503005	-	0.573	-	-	0.117	0.012
12	碎石(2cm)	m^3	5505012	-	0.612	-	-	-	-
13	42.5 级水泥	t	5509002	-	0.382	-	-	0.034	0.004
14	其他材料费	元	7801001	15.4	29.5	6.0	-	6.5	-
15	100L 以内低速搅拌器	台班	8011080	-	2.00	-	-	0.20	0.05
16	小型机具使用费	元	8099001	8.5	16.8	23.2	-	25.7	-
17	基价	元	9999001	5195	10419	960	455	1200	153

注:1. 改性环氧混凝土的质量配合比:改性环氧基液:水泥:中(粗)砂:碎石 = 100:140:300:370,实际设计配合比不同时,可调整。

2. 改性环氧砂浆的质量配合比:改性环氧基液:水泥:中(粗)砂 = 100:100:500,实际设计配合比不同时,可调整。

续前页

单位：1m³

顺序号	项目	单位	代号	现浇修补		人工涂抹水泥砂浆			
				普通混凝土修补		厚2cm		±1cm	
				无模板	有模板	平抹	立、仰抹	平抹	立、仰抹
				7	8	9	10	11	12
1	人工	工日	1001001	5.2	8.2	0.8	1.0	0.3	0.4
2	M30水泥砂浆	m³	1501008	-	-	(0.27)	(0.29)	(0.135)	(0.145)
3	普C50-42.5-2	m³	1503018	(1.10)	(1.10)	-	-	-	-
4	原木	m³	4003001	-	0.006				
5	锯材	m³	4003002	-	0.028				
6	型钢	t	2003004	-	0.006				
7	钢管	t	2003008	-	0.0004				
8	钢模板	t	2003025	-	0.022				
9	铁件	kg	2009028	-	6.24	-	-	-	-
10	32.5级水泥	t	5509001	-	-	0.165	0.177	0.083	0.089
11	42.5级水泥	t	5509002	0.634	0.634	-	-	-	-
12	水	m³	3005004	1.5	1.5	2	2	1	1

续前页

单位:1m³

顺序号	项目	单位	代号	现浇修补		人工涂抹水泥砂浆			
				普通混凝土修补		厚2cm		±1cm	
				无模板	有模板	平抹	立、仰抹	平抹	立、仰抹
				7	8	9	10	11	12
13	中(粗)砂	m³	5503005	0.48	0.48	0.27	0.29	0.13	0.14
14	碎石(2cm)	m³	5505012	0.87	0.87	-	-	-	-
15	其他材料费	元	7801001	6.5	6.5	6	6	2.4	2.4
16	小型机具使用费	元	8099001	42	42	-	-	-	-
17	基价	元	9999001	880	1328	141	166	60	73

注:1. 本定额未包含新修补混凝土与旧混凝土接缝表面封闭处理的消耗,需处理时,另按封闭混凝土结构裂缝定额计算。

2. 现浇修补法一般适用于体积相对较大缺陷(如蜂窝、空洞、破损、剥落等)的修补,涂抹修补法一般适用于体积相对较小缺陷(如风化、磨损、麻面、漏筋等)的修补,实际应用应按设计方案或施工方法具体确定。

3-7 混凝土裂缝处理

工程内容 封闭裂缝:1)裂缝内灰尘吹净、清洁;2)水泥砂浆或改性环氧砂浆配运料、拌和;3)水泥砂浆、改性环氧砂浆或封缝胶涂抹、压刮、养生。
灌注裂缝:1)裂缝处理;2)注浆嘴粘贴、封缝、密封检查、灌浆、清除。

单位:100m

顺序号	项目	单位	代号	封闭裂缝		灌注裂缝	
				水泥砂浆	封缝胶	自动低压渗注	压力注浆
				1	2	3	4
1	人工	工日	1001001	15.4	25.6	60.6	68.8
2	M30 水泥砂浆	m³	1501008	(0.15)	-	-	-
3	水	m³	3005004	0.5	-	-	-
4	封缝胶	kg	5001060	-	21.3	22.3	24.8
5	灌缝胶	kg	5001439	-	-	28.2	34.2
6	中(粗)砂	m³	5503005	0.15	-	-	-
7	32.5 级水泥	t	5509001	0.092	-	-	-
8	42.5 级水泥	t	5509002	-	-	-	-
9	渗胶嘴	个	6009010	-	-	350	-
10	灌浆嘴	个	6009011	-	-	-	350
11	其他材料费	元	7801001	3.5	7.6	35.0	25.6

续前页

单位:100m

顺序号	项目	单位	代号	封闭裂缝		灌注裂缝	
				水泥砂浆	封缝胶	自动低压渗注	压力注浆
				1	2	3	4
12	100L以内低速搅拌器	台班	8011080	—	—	0.18	0.18
13	$0.6m^3/min$ 以内电动空压机	台班	8017040	2.86	2.86	4.50	6.90
14	小型机具使用费	元	8099001	16.2	12.0	13.0	25.0
15	基价	元	9999001	1829	3779	9773	11124

3-8 植筋及锚栓

工程内容 1)钢筋探测定位、钻孔、吹尘、清孔;2)注胶、钢筋切断、插筋、养生。

单位:100 根

顺序号	项目	单位	代号	钢筋(锚栓)直径(mm)							
				12		14		16		18	
				钻孔深度(mm)							
				120	±10	140	±10	160	±10	180	±10
				1	2	3	4	5	6	7	8
1	人工	工日	1001001	2.6	0.2	2.8	0.2	3.9	0.2	4.5	0.3
2	HRB400 钢筋	t	2001002	0.015	0.001	0.023	0.001	0.033	0.002	0.046	0.002
3	高强螺栓	套	2009047	(104)	-	(104)	-	(104)	-	(104)	-
4	20mm 以内冲击钻头	个	2009048	3	-	3	-	4	-	-	-
5	30mm 以内冲击钻头	个	2009049	-	-	-	-	-	-	5	-
6	40mm 以内冲击钻头	个	2009050	-	-	-	-	-	-	-	-
7	植筋胶	kg	5001839	2.3	0.2	3.4	0.2	4.8	0.3	6.5	0.4
8	丙酮	kg	5009023	1.3	0.1	1.9	0.1	2.6	0.2	3.6	0.2
9	其他材料费	元	7801001	65.0	16.8	65.0	16.8	65.0	16.8	65.0	16.8
10	3kW 以内电动手持冲击钻	台班	8011086	2.43	0.20	2.39	0.20	3.53	0.22	4.05	0.22

续前页

单位:100 根

顺序号	项目	单位	代号	钢筋(锚栓)直径(mm)							
				12		14		16		18	
				钻孔深度(mm)							
				120	±10	140	±10	160	±10	180	±10
				1	2	3	4	5	6	7	8
11	40mm 以内钢筋切断机	台班	8015002	0.37	-	0.45	-	0.53	-	0.67	-
12	0.3m³/min 以内电动空气压缩机	台班	8017039	0.44	0.03	0.53	0.03	0.63	0.04	0.80	0.04
13	小型机具使用费	元	8099001	131.0	11.0	131.0	11.0	131.0	11.0	131.0	11.0
14	基价	元	9999001	1027	90	1139	93	1533	103	1905	117

续前页

单位:100根

顺序号	项目	单位	代号	钢筋(锚栓)直径(mm)									
				20		22		25		28		32	
				钻孔深度(mm)									
				200	±10	220	±10	250	±10	280	±10	320	±10
				9	10	11	12	13	14	15	16	17	18
1	人工	工日	1001001	6.4	0.3	8.2	0.4	10.3	0.4	16.7	0.6	24.2	0.8
2	HRB400钢筋	t	2001002	0.062	0.002	0.080	0.003	0.116	0.004	0.159	0.005	0.233	0.006
3	高强螺栓	套	2009047	(104)	-	(104)	-	(104)	-	(104)	-	(104)	-
4	20mm以内冲击钻头	个	2009048	-	-	-	-	-	-	-	-	-	-
5	30mm以内冲击钻头	个	2009049	6	-	7	-	-	-	-	-	-	-
6	40mm以内冲击钻头	个	2009050	-	-	-	-	9	-	11	-	15	-
7	植筋胶	kg	5001839	9.4	0.5	12.9	0.6	16.8	0.7	25.7	0.9	34.6	1.1
8	丙酮	kg	5009023	5.2	0.3	7.1	0.3	10.6	0.4	15.1	0.5	23.7	0.7
9	其他材料费	元	7801001	65.0	16.8	85.0	25.2	85.0	25.2	85.0	25.2	85.0	25.2
10	3kW以内电动手持冲击钻	台班	8011086	5.61	0.28	6.22	0.28	8.28	0.33	11.63	0.40	16.67	0.5
11	40mm以内钢筋切断机	台班	8015002	0.93	-	1.28	-	1.87	-	2.58	-	3.90	-

续前页

单位:100 根

顺序号	项目	单位	代号	钢筋(锚栓)直径(mm)									
				20		22		25		28		32	
				钻孔深度(mm)									
				200	±10	220	±10	250	±10	280	±10	320	±10
				9	10	11	12	13	14	15	16	17	18
12	0.3m³/min 以内电动空气压缩机	台班	8017039	1.10	0.05	1.56	0.07	2.29	0.08	3.24	0.12	4.79	0.14
13	小型机具使用费	元	8099001	131.0	11.0	150.0	13.0	150.0	13.0	150.0	13.0	150.0	13.0
14	基价	元	9999001	2574	133	3200	164	4273	178	6179	227	8667	275

注:1. 本定额按植筋编列,如采用植锚栓时,可采用括号内数字并扣除定额中带肋钢筋和40mm以内钢筋切断机的全部数量。
2. 植入钢筋外露按5cm计算,实际不同时可调整带肋钢筋数量。
3. 本定额消耗量按水平植筋计算,采用仰面植筋时人工和机械消耗乘以1.3的系数。
4. 植筋(锚栓)时的钻孔直径可按下表取用:

植筋(锚栓)钻孔直径(mm)

钢筋(螺栓)公称直径	12	14	16	18	22	25	28	32
钻孔直径	16	18	20	22	28	30	35	38

3-9 施工悬挂平台

工程内容 全套金属设备安装拆除。

单位:10t 金属设备

顺序号	项目	单位	代号	金属设备 10t
				1
1	人工	工日	1001001	130.0
2	钢丝绳	t	2001019	0.020
3	8~12号铁丝	kg	2001021	1.8
4	电焊条	kg	2009011	0.2
5	铁件	kg	2009028	9.6
6	铁钉	kg	2009030	1.6
7	锯材	m^3	4003002	0.347
8	其他材料费	元	7801001	32.6
9	设备摊销费	元	7901001	1400.0
10	30kN以内单筒慢动卷扬机	台班	8009080	3.60
11	小型机具使用费	元	8099001	26.2
12	基价	元	9999001	16531

注:1. 定额中的设备摊销费是按1个月计算的,当实际工期不同时,可按每t每月140元进行调整。
2. 悬挂平台质量可按45kg/m^2参考计算。

3－10 交通警示设施

工程内容 安全设施布设、清除、维护、值守。

单位:1 套及 100 个

顺序号	项目	单位	代号	封闭车道		借用对向车道		借用对向车道交替通行		锥形交通标	
				第1个月	每+10天	第1个月	每+10天	第1个月	每+10天	第1个月	每+10天
				1套						100个	
				1	2	3	4	5	6	7	8
1	人工	工日	1001001	60.9	20.0	61.0	20.0	180.8	60.0	0.9	-
2	圆形、三角形施工标志牌	块	6007020	0.19	0.06	0.28	0.09	0.25	0.08	-	-
3	矩形标志牌	块	6007021	0.08	0.03	0.22	0.07	0.03	0.01	-	-
4	附设施工警示灯的护栏	块	6007022	0.03	0.01	0.06	0.02	0.03	0.01	-	-
5	锥形交通标志	个	6007023	-	-	-	-	-	-	10	4
6	4t以内载货汽车	台班	8007003	0.47	-	0.52	-	0.44	-	0.49	-
7	基价	元	9999001	6752	2145	6850	2167	19469	6392	839	205

注:1. 当实际的标志牌与定额中的数量不一致时,可据实调整。
　　2. 全桥封闭指桥梁中断交通。桥梁中断交通时,可采取便道、便桥等方式绕行,需要时费用另计。

3－11 钢结构表面除锈、防护

工程内容 喷砂除锈:装砂、喷砂、砂回收清理。
喷涂或涂刷油漆:清理表面,调配,喷涂或涂刷油漆。

单位:表列单位

顺序号	项目	单位	代号	除锈		喷涂油漆		
				人工除锈	喷砂除锈	喷底漆	喷中间漆	喷面漆
				100m²		10m²		
				1	2	3	4	5
1	人工	工日	1001001	17.7	5.6	0.7	0.6	0.5
2	环氧富锌底漆	kg	5009024	－	－	2.8	－	－
3	环氧中间漆	kg	5009025	－	－	－	2.3	－
4	氟碳面漆	kg	5009026	－	－	－	－	3.1
5	油漆溶剂油	kg	5009027	－	－	0.5	0.5	0.6
6	石英砂	kg	5503016	－	380.0	－	－	－
7	其他材料费	元	7801001	51.0	25.4	13.6	6.5	6.5
8	3m³/min 以内电动空压机	台班	8017042	－	－	0.05	0.03	0.03
9	4m³/min 以内吹风机	台班	8023014	－	0.25	－	－	－
10	喷砂除锈设备	台班	8023017	－	2.50	－	－	－
11	液压无气喷涂机	台班	8023018	－	－	0.20	0.11	0.11
12	小型机具使用费	台班	8099001	9.5	14.5	2.8	3.3	3.3
13	基价	元	9999001	1942	1350	288	154	289

续前页

单位:表列单位

顺序号	项目	单位	代号	涂刷油漆		
				刷底漆	刷中间漆	刷面漆
				10m²		
				6	7	8
1	人工	工日	1001001	0.8	0.7	0.5
2	环氧富锌底漆	kg	5009024	2.3	—	—
3	环氧中间漆	kg	5009025	—	1.9	—
4	氟碳面漆	kg	5009026	—	—	2.5
5	油漆溶剂油	kg	5009027	0.2	0.2	0.3
6	石英砂	kg	5503016	—	—	—
7	其他材料费	元	7801001	5.1	7.7	7.7
8	3m³/min 以内电动空压机	台班	8017042	—	—	—
9	4m³/min 以内吹风机	台班	8023014	—	—	—
10	喷砂除锈设备	台班	8023017	—	—	—
11	液压无气喷涂机	台班	8023018	—	—	—
12	小型机具使用费	台班	8099001	1.7	2.7	2.7
13	基价	元	9999001	201	121	216

注:1. 中间漆每增加一层再套用相应定额一次。
   2. 油漆(涂料)可结合实际调整消耗。

3-12 钢筋阻锈、混凝土表面防护

工程内容 钢筋、钢板表面涂刷阻锈剂、防护剂;混凝土表面涂刷防水剂保护涂料。

单位:100m²

顺序号	项目	单位	代号	钢筋阻锈剂	钢筋保护剂	混凝土表面防水剂	混凝土表面保护涂料
				1	2	3	4
1	人工	工日	1001001	5.1	5.4	4.6	6.2
2	钢筋阻锈剂	kg	5003505	31.2	—	—	—
3	钢筋保护剂	kg	5003506	—	219.8	—	—
4	表面防水剂	kg	5003507	—	—	37.5	—
5	混凝土保护涂料	kg	5009034	—	—	—	33.5
6	其他材料费	元	7801001	155.5	165.5	139.5	140.5
7	基价	元	9999001	6031	8254	4815	3663

3-13 桥面铺装维修

工程内容 凿除桥面铺装：桥面清扫、凿除损坏部分、清理现场。
水泥混凝土：模板全部工作，水泥混凝土拌和、浇筑、捣固、养生。
沥青混凝土：沥青混凝土配运料、拌和、摊铺、整平、碾压。
钢筋网片：网片铺设、绑扎、焊接。

单位：表列单位

顺序号	项目	单位	代号	水泥混凝土	沥青混凝土	钢筋网片
				10m³		1t
				1	2	3
1	人工	工日	1001001	18.24	5.4	1.1
2	普 C30-32.5-4	m³	1503034	(10.20)	-	-
3	冷轧带肋钢筋网	t	2001003	-	-	1.025
4	8~12 号铁丝	kg	2001021	-	-	0.602
5	型钢	t	2003004	0.001	-	-
6	电焊条	kg	2009011	-	-	4.554
7	石油沥青	t	3001001	-	1.225	-
8	水	m³	3005004	15	-	-
9	砂	m³	5503004	-	4.71	-
10	中(粗)砂	m³	5503005	4.69	-	-
11	矿粉	t	5503013	-	1.284	-
12	石屑	m³	5503014	-	2.61	-
13	碎石(4cm)	m³	5505013	8.47	-	-

单位:表列单位

顺序号	项目	单位	代号	水泥混凝土	沥青混凝土	钢筋网片
				10m³		1t
				1	2	3
14	路面用碎石(1.5cm)	m³	5505017	–	7.23	–
15	32.5 级水泥	t	5509001	3.845	0.014	–
16	其他材料费	元	7801001	4.3	11.8	–
17	1m³ 液压轮胎装载机	台班	8001045	–	0.17	–
18	8～10t 光轮压路机	台班	8001079	–	0.12	–
19	12～15t 光轮压路机	台班	8001081	–	0.12	–
20	手持式风动凿岩机	台班	8001102	–	–	–
21	30t/h 以内强制式沥青混合料拌和设备	台班	8003047	–	0.15	–
22	电动混凝土切缝机	台班	8003085	1.01	–	–
23	250L 以内混凝土搅拌机	台班	8005002	0.75	–	–
24	3t 以内载货汽车	台班	8007002	–	–	0.05
25	1t 以内机动翻斗车	台班	8007046	0.45	0.73	–
26	32kV·A 以内交流电弧焊机	台班	8015028	–	–	0.318
27	3m³/min 以内机动空压机	台班	8017047	–	–	–
28	小型机具使用费	元	8099001	25	76	33
29	基价	元	9999001	4778	8790	4656

3−14 钢筋混凝土护栏养护刷漆

工程内容 清理栏杆表面,除尘,刷漆。

单位:100m²

顺序号	项目	单位	代号	养护刷漆
				100m²
				1
1	人工	工日	1001001	10.3
2	反光油漆	kg	5009014	36
3	2t以内载货汽车	台班	8007001	1.832
4	基价	元	9999001	2952

3-15　桥面排水系统维修

工程内容　疏通泄水管:清理杂物、人工疏通泄水管、排水管。
增设泄水孔钻孔:取芯机就位固定、钻孔、取出芯样。
更换安装泄水孔:拆除损坏的泄水管,更换安装新的泄水管。

单位:表列单位

顺序号	项　目	单位	代　号	疏通泄水管	增设泄水孔混凝土钻孔 ϕ150mm	更换铸铁管泄水孔	更换 PVC 管泄水孔
				10 个	1m	1 套	
				1	2	3	4
1	人工	工日	1001001	0.36	1.053	0.169	0.169
2	铸铁管	kg	2009033	-		14	-
3	ϕ127mm 金刚石取钻芯头	个	2009042	-	0.115	-	-
4	石油沥青	t	3001001	-	-	0.002	0.002
5	水	m^3	3005004	-	0.1	-	-
6	PVC 塑料管 ϕ160mm	m	5001015	-	-	-	1
7	其他材料费	元	7801001	6	4.37	0.84	0.84
8	3t 以内载货汽车	台班	8007002	-	-	0.112	0.112
9	混凝土钻孔取芯机 ϕ200mm 以内	台班	8011078	-	0.647	-	-
10	小型机具使用费	元	8099001	-	4.3	-	-
11	基价	元	9999001	44	377	121	104

续前页

单位:表列单位

顺序号	项目	单位	代号	安装PVC排水管 ϕ160mm	安装PVC排水管 ϕ200mm	安装HDPE竖向排水管 ϕ250mm	安装HDPE横向截水管 ϕ250mm
				10m			
				1	2	3	4
1	人工	工日	1001001	2.6	3.6	0.5	4.7
2	电	kW·h	3005002	-	5	10	12
3	PVC塑料管 ϕ160mm	m	5001015	10.6	-	-	-
4	PVC塑料管 ϕ200mm	m	5001201	-	10.6	-	-
5	HDPE管 ϕ200mm	m	5001202	-	-	-	1.06
6	HDPE管 ϕ250mm	m	5001203	-	-	10.6	9.54
7	其他材料费	元	7801001	208.7	208.7	1060	1716.45
8	3t以内载货汽车	台班	8007002	0.3	0.3	0.4	0.53
9	小型机具使用费	元	8099001	34.2	34.2	367.7	171.9
10	基价	元	9999001	972	1186	3237	4141

3-16 人行道板维修

工程内容 人行道板预制、安装。

单位:表列单位

顺序号	项目	单位	代号	预制人行道板	预制人行道板钢筋	安装人行道板
				$10m^3$	1t	$10m^3$
				1	2	3
1	人工	工日	1001001	29.1	8.4	17.8
2	M20 水泥砂浆	m^3	1501006	-	-	(0.55)
3	普 C25-32.5-2	m^3	1503007	(10.10)	-	-
4	HPB300 钢筋	t	2001001	-	0.841	-
5	HRB400 钢筋	t	2001002	-	0.189	-
6	20~22 号铁丝	kg	2001022	-	4.5	-
7	型钢	t	2003004	0.007	-	
8	组合钢模板	t	2003026	0.062	-	-
9	铁件	kg	2009028	20.4	-	-
10	水	m^3	3005004	16	-	1
11	锯材	m^3	4003002	0.09	-	-
12	中(粗)砂	m^3	5503005	4.85	-	0.6
13	碎石(2cm)	m^3	5505012	8.08	-	-

续前页

单位:表列单位

顺序号	项目	单位	代号	预制人行道板	预制人行道板钢筋	安装人行道板
				$10m^3$	1t	$10m^3$
				1	2	3
14	32.5 级水泥	t	5509001	3.97	-	0.25
15	其他材料费	元	7801001	17.3	-	-
16	小型机具使用费	元	8099001	4.8	12.2	-
17	基价	元	9999001	6061	4340	2024

3-17 搭拆脚手架、踏步

工程内容 1)清理场地,挖柱脚,立杆,绑扎,铺板,拆除,50m内取运料,堆放;2)清理场地,摆底座,插立杆,用卡子螺栓连接钢管,防垫木,脚板,安装吊盘,拆除,50m内取运料,堆放。

单位:表列单位

顺序号	项目	单位	代号	木脚手架(宽2.5m)					木踏步(宽2.5m)				
				高度(m)									
				3以内	4以内	6以内	8以内	12以内	3以内	4以内	6以内	8以内	12以内
				10m					1处				
				1	2	3	4	5	6	7	8	9	10
1	人工	工日	1001001	4.23	4.58	5.64	7.1	10.9	3.6	4.8	9.7	18.3	26.2
2	8~12号铁丝	kg	2001021	8.1	10.5	15.1	19.8	29.1	3	7.3	13.2	19.1	35.4
3	铁钉	kg	2009030	0.5	0.5	0.5	0.5	0.5	0.3	0.4	0.6	0.8	1.3
4	原木	m³	4003001	0.103	0.134	0.196	0.258	0.381	0.022	0.047	0.106	0.165	0.355
5	锯材	m³	4003002	0.054	0.054	0.054	0.054	0.054	0.062	0.094	0.14	0.187	0.281
6	小型机具使用费	元	8099001	1	1.1	1.3	1.7	2.5	0.8	1.1	1.7	4.2	7.7
7	基价	元	9999001	702	789	1002	1254	1860	501	751	1435	2532	3831

续前页
单位:表列单位

顺序号	项目	单位	代号	钢管脚手架(宽2.5m)					钢管井字架(长2.5m×宽2.5m)			
				高度(m)								
				4以内	6以内	8以内	12以内	16以内	8以内	10以内	14以内	18以内
				10m					1处			
				11	12	13	14	15	16	17	18	19
1	人工	工日	1001001	3.91	4.94	6.32	9.92	15.23	7.58	9.47	13.26	17.05
2	钢丝绳	t	2001019	−	−	−	−	−	0.0009	0.0012	0.0017	0.0021
3	8~12号铁丝	kg	2001021	0.6	0.6	0.6	0.6	0.6	−	−	−	−
4	型钢	t	2003004	−	−	−	−	−	0.0036	0.0036	0.0036	0.0036
5	钢板	t	2003005	−	−	−	−	−	0.0003	0.0003	0.0003	0.0003
6	钢管	t	2003008	0.017	0.25	0.032	0.047	0.061	0.017	0.021	0.029	0.037
7	铁钉	kg	2009030	0.5	0.5	0.5	0.5	0.5	0	0	0	0
8	锯材	m³	4003002	0.06	0.06	0.06	0.06	0.06	0.012	0.012	0.012	0.012
9	其他材料费	元	7801001	11.3	15.8	21.1	30.5	37.9	14.6	17.5	23	28.3
10	小型机具使用费	元	8099001	1.8	2.3	2.9	4.6	7	5	6.4	8.9	11.5
11	基价	元	9999001	595	1683	925	1381	2014	933	1157	1604	2051

附录 A 材料配合比表

1. 砂浆配合比表

单位:1m³ 砂浆及水泥浆

顺序号	项目	单位	水泥砂浆									
			砂浆强度等级									
			M5	M7.5	M10	M12.5	M15	M20	M25	M30	M35	M40
			1	2	3	4	5	6	7	8	9	10
1	32.5级水泥	kg	218	266	311	345	393	448	527	612	693	760
2	生石灰	kg	-	-	-	-	-	-	-	-	-	-
3	中(粗)砂	m³	1.12	1.09	1.07	1.07	1.07	1.06	1.02	0.99	0.98	0.95

顺序号	项目	单位	水泥砂浆				混合砂浆			石灰砂浆		水泥浆
			砂浆强度等级									
			1:1	1:2	1:2.5	1:3	M2.5	M5	M7.5	M10	M1	
			11	12	13	14	15	16	17	18	19	20
1	32.5级水泥	kg	780	553	472	403	165	210	253	290	-	1348
2	生石灰	kg	-	-	-	-	127	94	61	29	207	-
3	中(粗)砂	m³	0.67	0.95	1.01	1.04	1.04	1.04	1.04	1.04	1.1	-

注:表列用量已包括场内运输及操作损耗。

2. 混凝土合比表

单位:1m³ 混凝土

顺序号	项目	单位	普通混凝土													
			碎(砾)石最大粒径(mm)													
			20													
			混凝土强度等级													
			C10	C15	C20	C25	C30		C35		C40			C45		C50	
			水泥强度等级													
			32.5	32.5	32.5	32.5	32.5	42.5	32.5	42.5	32.5	42.5	52.5	42.5	52.5	42.5	52.5
			1	2	3	4	5	6	7	8	9	10	11	12	13	14	15
1	水泥	kg	238	286	315	368	406	388	450	405	488	443	399	482	439	524	479
2	中(粗)砂	m³	0.51	0.51	0.49	0.48	0.46	0.48	0.45	0.47	0.43	0.45	0.47	0.45	0.45	0.44	0.42
3	碎(砾)石	m³	0.85	0.82	0.82	0.8	0.79	0.79	0.78	0.79	0.78	0.79	0.79	0.77	0.79	0.75	0.79
4	片石	m³	-	-	-	-	-	-	-	-	-	-	-	-	-	-	-

续前页

单位:1m³ 混凝土

顺序号	项目	单位	普通混凝土													
			碎(砾)石最大粒径(mm)													
			20		40												
			混凝土强度等级													
			C55	C60	C10	C15	C20	C25	C30		C35		C40		C45	
			水泥强度等级													
			52.5	52.5	32.5	32.5	32.5	32.5	32.5	42.5	32.5	42.5	32.5	42.5	52.5	42.5	52.5
			16	17	18	19	20	21	22	23	24	25	26	27	28	29	30
1	水泥	kg	516	539	225	267	298	335	377	355	418	372	461	415	359	440	399
2	中(粗)砂	m³	0.42	0.41	0.51	0.5	0.49	0.48	0.46	0.46	0.45	0.46	0.43	0.44	0.46	0.44	0.44
3	碎(砾)石	m³	0.74	0.71	0.87	0.85	0.84	0.83	0.83	0.84	0.82	0.83	0.81	0.83	0.84	0.81	0.84
4	片石	m³	-	-	-	-	-	-	-	-	-	-	-	-	-	-	-

单位:1m^3混凝土

顺序号	项目	单位	普通混凝土						泵送混凝土								
			碎(砾)石最大粒径(mm)														
			40			80			20								
			混凝土强度等级														
			C50		C55	C10	C15	C20	C15	C20	C25	C30	C35		C40		C45
			水泥强度等级														
			42.5	52.5	52.5	32.5	32.5	32.5	32.5	32.5	32.5	32.5	32.5	42.5	32.5	42.5	42.5
			31	32	33	34	35	36	37	38	39	40	41	42	43	44	45
1	水泥	kg	487	430	451	212	253	282	321	354	407	443	491	431	538	471	512
2	中(粗)砂	m^3	0.43	0.41	0.41	0.58	0.55	0.54	0.59	0.57	0.56	0.55	0.54	0.56	0.52	0.54	0.54
3	碎(砾)石	m^3	0.79	0.84	0.83	0.83	0.83	0.82	0.75	0.75	0.71	0.7	0.69	0.7	0.67	0.69	0.67
4	片石	m^3	–	–	–	–	–	–	–	–	–	–	–	–	–	–	–

单位:1m³ 混凝土

顺序号	项目	单位	泵送混凝土														
			碎（砾)石最大粒径(mm)														
			20			40											
			混凝土强度等级														
			C50	C55	C60	C10	C15	C20	C25	C30	C35		C40		C45	C50	C55
			水泥强度等级														
			42.5	52.5	52.5	32.5	32.5	32.5	32.5	32.5	32.5	42.5	32.5	42.5	42.5	42.5	52.5
			46	47	48	49	50	51	52	53	54	55	56	57	58	59	60
1	水泥	kg	554	546	570	236	302	325	372	420	461	403	505	440	478	505	498
2	中(粗)砂	m³	0.53	0.51	0.5	0.66	0.59	0.59	0.58	0.56	0.54	0.57	0.52	0.55	0.56	0.55	0.55
3	碎(砾)石	m³	0.66	0.65	0.62	0.73	0.77	0.75	0.73	0.73	0.72	0.72	0.7	0.71	0.68	0.67	0.65
4	片石	m³	–	–	–	–	–	–	–	–	–	–	–	–	–	–	–

续前页　　　　单位:1m³ 混凝土

顺序号	项目	单位	水下混凝土				防水混凝土				喷射混凝土				片石混凝土		
			碎(砾)石最大粒径(mm)														
			40								20				80		
			混凝土强度等级														
			C20	C25	C30	C35	C25	C30	C35	C40	C15	C20	C25	C30	C10	C15	C20
			水泥强度等级														
			32.5	32.5	32.5	32.5	32.5	32.5	42.5	42.5	32.5	32.5	32.5	32.5	32.5	32.5	32.5
			61	62	63	64	65	66	67	68	69	70	71	72	73	74	75
1	水泥	kg	368	398	385	434	368	427	460	505	435	445	469	510	180	215	240
2	中(粗)砂	m³	0.49	0.46	0.47	0.46	0.52	0.51	0.51	0.49	0.61	0.61	0.6	0.59	0.49	0.47	0.46
3	碎(砾)石	m³	0.8	0.84	0.83	0.81	0.71	0.69	0.67	0.66	0.58	0.57	0.57	0.56	0.71	0.71	0.7
4	片石	m³	–	–	–	–	–	–	–	–	–	–	–	–	0.215	0.215	0.215

注:1. 采用细砂配制混凝土时,每 m³ 混凝土的水泥用量增加 4%。

2. 表列各种强度混凝土的水泥用量,系按机械捣固计算的,采用人工捣固时,每 m³ 混凝土增加水泥用量 25kg。

3. 表列用量已包括场内运输及操作损耗。

4. 公路水下构造物每 m³ 混凝土水泥用量:机器捣固不应少于 240kg,人工捣固不应少于 265kg。

5. 每 10m³ 混凝土拌和与养生用水为:

项目		单位	用水量(m³)		项目	单位	用水量(m³)	
			泵送混凝土	其他混凝土			泵送混凝土	其他混凝土
现浇	基础、下部结构	10m³	18	12	预制	10m³	22	16
	上部结构		21	15				

附录B　材料的周转及摊销、模板接触面积

1. 现浇混凝土木模板材料周转次数

顺序号	项　　目	单位	代　号	上部结构增大截面	混凝土横隔板	齿板、转向块
				1	2	3
1	木料	次数	–	6	4	4
2	螺栓、拉杆	次数	–	10	7	6
3	铁件	次数	2009028	7	6	5
4	铁钉	次数	2009030	3	3	2
5	8 ~ 12 号铁丝	次数	2001022	1	1	1

2. 现浇组合钢模板材料周转次数

顺序号	项　　目	代　号	周转次数	
			桥台、增大基础	承台增大截面、盖梁及墩柱
1	组合钢模板	2003026	36	32

续前页

顺序号	项目	代号	周转次数	
			桥台、增大基础	承台增大截面、盖梁及墩柱
2	组合钢模板连接件	2009028	14	13
3	螺栓、拉杆	2009028	11	10
4	压楞型钢	2003004	54	48
5	木夹条	4003002	3 次或 1 墩次	3 次或 1 墩次
6	木支撑、木橛	4003001	7	6
7	扒钉、铁件	2009028	9	8
8	钢丝绳、钢筋杆	–	36	32
9	大块木模锯材(包括木拉带)	4003002	7	6
10	大块木模用圆钉	2001022	4	4
11	硬塑料管	–	1	1
12	橡胶板	–	18	16
13	钢板	2003005	72	64

3. 定额中各种结构模板接触面积

项 目	增大基础	承台增大截面		桥 台	盖 梁	墩 柱
		有底模	无底模			
模板接触面积 （m²/10m³ 混凝土）	38.29	19.63	10.06	59.69	30.51	48.67

项 目	板拱增大截面(衬拱)	梁桥增大截面(拱肋)	横 隔 板	齿 板	转 向 块
模板接触面积 （m²/10m³ 混凝土）	43.51	65.82	75.18	25.96	38.20

附录 C　新增材料代号、单位质量、单价表

顺序号	项　　目	代　号	规　　格	单　　位	单位质量（kg）	场内运输及操作损耗（%）	单价（元）
1	PVC 塑料管 ϕ200mm	5001201		m			41.12
2	HDPE 管 ϕ200mm	5001202		m			96.72
3	HDPE 管 ϕ250mm	5001203		m			149.74
4	桥梁支座用橡胶防尘罩	5001066		m^2			45.00
5	PVC 管检查口	5002004		套		0	18.00
6	PVC 管伸缩节	5002005		套		0	16.00
7	钢筋阻锈剂	5003505		kg			170.94
8	钢筋保护剂	5003506		kg			34.19
9	表面防水剂	5003507		kg			111.11
10	润滑油脂	5004064		kg			45.00
11	锂基润滑脂	5009031		kg			30.61

续前页

顺序号	项 目	代 号	规 格	单 位	单位质量（kg）	场内运输及操作损耗(%)	单价（元）
12	混凝土保护涂料	5009034		kg			85.47
13	PE 片料	5009450		m	0.3	6	10.00
14	PVF 带	5009451		m²	0.3	6	132.74
15	硫化型橡胶密封剂	5009452		kg	0.3	6	50.00
16	高强度玻璃纤维布	5009453		m²	1	10	120.00
17	碳板锚具(2cm)	6005027		套			530.97
18	碳板锚具(5cm)	6005028		套			1017.70
19	碳板锚具(10cm)	6005029		套			1061.95
20	系杆拱用压力传感器	6009014		套			10000.00
21	系杆磁通量传感器	6009015		套			11000.00

附录 D 新增机械台班费用定额

顺序号	代号	机械名称	不变费用					可变费用								定额基价
			折旧费用	大修理费	经常修理费	安装及辅助设施费	小计	人工	汽油	柴油	重油	煤	电	水	木柴	
			元					工日	kg				kW·h	m³	kg	元
1	8009156	同步顶升设备(千斤顶型号100t)	312.56	73.62	140.31		526.49	1					162.30			770.73
2	8009157	同步顶升设备(千斤顶型号200t)	625.1	147.2	280.6		1052.98	1					162.30			1297.22
3	8009158	同步顶升设备(千斤顶型号400t)	1250.2	294.5	561.2		2105.96	1					162.30			2350.2
4	8009159	同步顶升设备(千斤顶型号500t)	1500.3	353.4	673.5		2527.152	1					162.30			2771.39
5	8025015	PFV缠包带缠绕机	19.85	14.7	18.2		52.75	1					25			180.28
6	8025016	挤出式焊枪	15.2	1.5	11.2		27.9						27.9			51.62
7	8025017	液压螺栓拉伸器	36.29	14.14	35.48		85.91	1					127.52			300.58
8	8026034	调试仪器仪表	110.12	33.38	23.38		166.88									166.99